小太阳亲子丛书

爸妈别抓狂

张升鹏 等著

复旦大学 出版社

序

从孩子身上看见自己

文 / 黄翠吟（台湾泰山文化基金会执行长）

一个人愿意反省、改变，是认知到自己并非绝对是对的，因世间事都是相"对"，而不是绝"对"；有这样的心态，就好沟通，就能省思，人与人之间才能和谐，也才有提升的可能。但是，大人对待孩子，因地位不对等，就容易认定父母绝对不会错；即使亲子关系出了问题，还是无法自我觉察。

其实，教养孩子就是在呈现自己的性格、修养、价值观；所以，孩子映照出来的就是自己的问题。

有位当老板的朋友说："我管理公司非常严厉，回到家对孩子却判若两人，非常温和且有耐心，周遭的人常常很讶异我态度变化如此之大。因为，我有一个认知：如果孩子有问题，一定是由于我有问题，所以责任在我。"

父母有这种想法，就不会把问题归因于孩子，不再重复说孩子听不进去的话，不再把发泄情绪当成管教，不再以自己的期待当成是孩子的导向；也就是把孩子当作自己的镜子，反射

回来的问题是让自己反躬自省,而能思考如何调整、改变。

学者专家们的看法也是我们的镜子;人不容易看见自己,学者们的研究则帮我们看见盲点。本书从亲子间互动的各种状况,抽丝剥茧地分析父母的观念及孩子的心理,引导父母看见孩子的身心状况,以及自己在言语上、态度上、观念上是如何一步步建立了孩子的自我概念、价值观及生活习惯,以及长远的亲子关系。

学者在咨询与观察中看见问题,分析问题;他们站在孩子的角度同理孩子,并加上耐心,才能洞见孩子行为背后的心理问题。他们发现,在父母和孩子互动中,能自我觉察、自我控制、自我要求十分重要;用成熟大人的态度及思维,才能理性适当地对待孩子,愿意了解孩子真正的感觉及想法,呵护孩子的自尊与自信。

书中几位学者也提到,父母要先照顾好自己的情绪,以觉察、放松、转念以及暂停一下来调整自己;情绪安定、乐观的父母,才有具备安全感的孩子。

很荣幸再次与慈济人文志业中心合作出版书籍,本书整理集结泰山文化基金会"真爱人生"亲子讲座中的张升鹏、蔡毅桦、黄富源、陈质采、黄龙杰、吴娟瑜、廖凤池等七位专家学者的演讲,内容包含学理与技巧;书中有许多生活上的实例,在一般家庭中都会出现,令人感同身受。

没有所谓完美的父母,孩子需要的是给予支持的父母;而父母也需要支持,需要放松自己。本书让我们更有方法调适自

己以及教养孩子。

　　泰山文化基金会推展心灵成长、生命教育,传播正向的价值、善的信念;同时巡回学校作亲子教育,影响很多父母及家庭。慈济机构教育、医疗、人文、慈善四大志业宏大深远,带领台湾向上向善提升,这是台湾人的福分。我们共同合作出版亲子丛书,实是从根做起,因为家庭是社会安定的基石。期望本书带给更多家庭及孩子幸福的未来。

目录

1　如何教出优质的小孩——谈子女教养的艺术　　◎张升鹏

　　让孩子做家事
　　常说"我爱你"
　　尊重孩子的梦想
　　建立正确的价值观
　　培养孩子身心健康
　　让孩子学习独立自主
　　培养孩子幽默、乐观的个性

21　做自己与孩子的心灵工程师　　◎蔡毅桦

　　从亲子关系觉察出发
　　分享式的沟通
　　多元金字塔价值观
　　记住对孩子健康、快乐的期望
　　压垮骆驼的最后一根稻草
　　亲子间的互相期待与影响
　　做一个懂得赞美孩子的父母
　　正向看待孩子的行为
　　亲子间的情绪管理

　　亲子游戏治疗技术的运用

51 亲子关系与偏差行为　　　　　　　　◎黄富源

　　　　家庭功能偏差，造成孩子行为偏差
　　　　失意挫折后，借飙车获得补偿
　　　　管教有方法，态度一致很重要
　　　　缺爱的斯巴达管教，易致反社会人格
　　　　不贴标、不唠叨，给他空间诚实以对
　　　　态度要温和坚定，方式要正向支持
　　　　预防偏差行为，父母师长要互相配合

71 了解孩子的注意力问题　　　　　　　　◎陈质采

　　　　造成注意力不佳的因素
　　　　认识"注意力缺陷多动症候群"
　　　　父母在处理问题与管教上的迷思
　　　　帮助孩子找出解决策略
　　　　让孩子学习规划与组织
　　　　提升孩子注意力的教养技巧

95 在亲子关系中重现微笑——谈父母的压力调适　　◎黄龙杰

　　　　苦闷、压力大，先找心理师
　　　　良好亲子互动，从压力调适开始
　　　　压力和反应

目录

　　从压力中成长
　　认识精神官能症
　　青春期的情绪问题要先从改善亲子互动着手
　　身心灵成长计划

121 让生命自由——打开生命能量，家庭关系更自在　　◎吴娟瑜

　　打开生命能量，从照顾身心健康做起
　　父母的眼光与对待，影响孩子自我形象
　　平心静气，改变要有步骤
　　明确规范，让孩子学会负责
　　父母先改变，孩子才能改变
　　倾听内在的声音，回归生命的中心点
　　身心灵三管齐下，生命境界更开阔

145 成功为成功之母　　◎廖凤池

　　自我认同的社会
　　自我认同的形成
　　满足爱与被爱的基本需求
　　失败为失败之母
　　成功为成功之母
　　爱，帮助孩子肯定自我价值

SMART的亲子教养秘笈

如何教出优质的小孩
——谈子女教养的艺术

◎张升鹏（台湾彰化师范大学特殊教育学系教授）

- 孩子出门碰到邻居，不会说声"叔叔早！""阿姨好！"
- 孩子只顾着看电视，不愿意让座给客人。
- 孩子爱说谎、耍赖。
- 家中有两个孩子，老大表现良好，老二状况不断。
- 孩子常常到了学校才打电话说："忘了带联络簿。"
- 下雨了，孩子抱怨不能出去玩。
- 孩子考不好，表现不理想。

"父母难为啊!"这是当今大多数父母的沉重心声。在繁忙的现实生活与多重压力下,如何扮演称职的父母?在众多理论中,又如何选择适合自己家庭状况的教养方式?孩子到底在想些什么?怎样才能教出优质的孩子?层层问题,无不考验着父母的智慧。

教养子女是一门艺术,要栽培优质的孩子,首先得定义何谓"优质"。

有家长表示,优质就是质量精良,各科考试都能拿满分。也有人认为优质就是乖巧、听话、孝顺父母并尊敬师长。绝大多数的父母,既希望自己的孩子有后者的品格高尚,也要兼有前者的成绩优秀;有爸妈还会自认宽厚地补充说明:"没有全部满分也没关系啦,只要每科都有九十分以上就行了。"

所谓"望子成龙,望女成凤",父母对孩子的期待可真不小也不少!然而,能够如此品学兼优的孩子恐怕万中选一吧!父母把眼界拉得那么高,难免要埋怨:"为何别人家孩子都那么优秀,偏偏我的孩子就让人伤透脑筋!"或是慨叹时代不同:当年自己对父母是那样言听计从、百依百顺,现在的孩子却太有主见,脾气像牛一样拗。甚至怪罪从前孩子吃母奶,所以性情温和;现在孩子都喝牛奶,所以养成牛脾气,说东偏往西,就爱唱反调。

我常打趣说,若你说东,孩子偏往西,那下回你要他往东时,直接叫他往西不就得了?换句话说,父母必须了解孩子的想法。

让孩子做家事

很多家长也许认为做家事是小事一桩,其实真的很重要。

  培养优质孩子的方法有许多。第一,就是让他学会做家事。
  现代父母常过度宝贝孩子,总舍不得让他做家事,这是错误的观念和做法。
  在美国,妈妈洗过碗盘后,会把孩子叫过来,大家围在一起擦碗盘;即使这样做不会比较快,而且孩子很可能会不小心把碗盘摔破,美国妈妈仍坚持让孩子擦,摔破再换新的就是了。这样才能让孩子有学习机会,增加能力;就算打破碗盘,也能从中记取教训,获得经验。
  很多家长也许认为做家事是小事一桩,其实真的很重要。例如,有些大学生宿舍脏乱不堪,床底下塞了一堆脏袜子而臭气冲天,这些孩子就是没有做家事的习惯。有些孩子在家里的生活习惯不错,能保持整齐清洁,但回到宿舍就完全变了样;因为与室友同居一室,难以"出污泥而不染"。良好的习惯必须从小培养,经长期持续才能真正造就较好的生活质量;否则,极易受到各种影响而懈怠散漫,最后就同流合污了。
  培养孩子做家事,除了能帮他养成良好的生活习惯之外,也可以让他从中体会父母的辛苦,进而懂得感恩而为父母分忧解劳,将来才更具有独立生活的能力。这就是优质教养的第一步。

爸妈别抓狂

常说"我爱你"

> 若妈妈总是"爱你在心口难开",又没有具体的爱的行动,其实孩子未必能体会。

其次,要多赞美和鼓励孩子,让他成为有爱心的人。犹记一九九九年震惊全台的九二一大地震,民众积极出钱出力赈济灾区,这是一次爱心汇聚的高度展现。如果这个社会没有爱,人际之间疏离冷漠,大家都会过得不快乐。为人父母者,当然希望孩子能在充满温暖和爱的环境中成长,将来继续把爱传出去。

如何具备爱心呢?请培养"我爱你"哲学。"我爱你"三个字,在保守的台湾社会,并非人人都能那么自然地说出口。一位妈妈说:"我这么爱他,他知道啊!"果真如此吗?若妈妈总是"爱你在心口难开",又没有具体的爱的行动,其实孩子未必能体会。

有位老师要学生回去向家人说"我爱你";隔天调查发现,大部分孩子都做到了,但有的爸爸竟然说:"好恶心啊!你是怎么了?"

有的妈妈则说:"一定是老师规定的功课,否则你平常并不会这样说的。"

也有的父母直截了当地说:"少来这一套!你缺什么就直接说好了!"

你看,我们是不是很缺乏与孩子进行爱的交流呢?

优质的小孩要能把爱挂在嘴边。日常生活中,就应该多说

"我爱你",多练习"我爱你"哲学,将对家人的亲密之情表达得亲切而自然。除此之外,礼貌也是互动中的重要一环。现代社会似乎愈来愈不重视礼貌,出门时在电梯口碰到邻居,总是相视两无言;难道说声"叔叔早!""阿姨好!"有那么难吗?其实,这都是因为没有养成习惯;就如同说"我爱你"一样,必须习惯成自然。

如果从小就要求孩子这些礼节,当你下班回到家说声"我回来了!"孩子就会冲过来对你又抱又亲;若没这个习惯,待孩子长大后,你突然高声说:"我回来了!"孩子还可能皱着眉头说:"干嘛喊那么大声……"

幼儿教育的创始人福禄贝尔(Friedrich Froebel)曾说:"教育无他,爱与榜样而已。"尤其就小学学童而言,行为改变是由外在慢慢影响到内在;父母要让孩子有温馨、祥和的感受,并通过这些生活礼仪的要求,潜移默化孩子的内在质量,使之能够爱人爱己,并让他参与服务,了解施比受更有福,就更能体认到自己的幸福了。

尊重孩子的梦想

"人类因梦想而伟大。"你了解孩子的志愿吗?请尊重孩子的想法,才能更有效地协助他圆梦。

每个孩子都有不同的志愿,为人父母的你了解吗?

许多学校目前都为学生规划了生涯发展教育课程，通过各种学习活动，帮助学生进行自我探索——了解"我是谁"、我的健康状况和家庭状况、个人优点和专长、人生观、价值观、人际技巧、生涯抉择技巧与正确工作技能，以及认识别人眼中的自己等——借以掌握未来发展方向并预作准备，此即"生涯档案"手册的建立。在制作过程中，可以让孩子更清楚自己，也更拉近与家人的关系，并可向家人提出所希望的协助，是青少年发展志愿与圆梦的一项重要参考依据。

"人生有梦，筑梦踏实"，每个人都该去追求自己的梦想；若孩子对前途感到茫然，对自己毫无想法，他就没有动力去发展自我。

"小学毕业后进入初中；初中毕业后顺利考上明星高中，再考进理想大学；大学毕业后，若能继续上研究所，完成硕士、博士学业；拿到博士后，还能……"父母总是如此希望孩子一路升学顺利，仿佛从此就能平步青云，迎向光明前程；但看到孩子不知努力用功，总不免担心他能否顺利考上大学。这就是理想与现实的落差！尤其目前经济不景气，就业市场萧条，父母一方面担心孩子找不到适当出路，一方面也怕他期待太高，以致落空受伤。

有一本书提到：在美国中西部，有一个地处僻壤的乡村学校，老师给学生的作文题目是"我的志愿"。有个孩子家中共有八人，仅挤在六七十平方米不到的小房子里；这孩子写到将来的志愿是："有一块很大的土地，能在地上盖一间大别墅。别墅前有小河流,后面有山坡;山坡上面野花多,野花红似火;小河里有白鹅,鹅儿戏绿波;戏弄绿波鹅儿快乐,昂头唱清歌。"好美的一幅景象啊!

但老师却把学生叫过来,训斥他所写的不是志愿而是幻想。老师认为,盖大别墅的想法太不实际,不可能成真,便要求孩子将志愿改成当一名工人或农夫,否则就只给六十分。孩子坚持不改其志,再三认真地表示,他想当一座农场的主人。

二十年后,转到其他城市任教的这位老师回到旧地,发现从前学校的附近有一片很大的私人农庄,而且免费对外开放观光,就带学生到此一游。师生莫不赞叹这里宛若人间仙境,前有湖泊,后有青山,二十余幢别墅静谧地坐落其间,四周虫声唧唧,鸟语花香,彩蝶翩翩起舞,美不胜收。

师生一边在湖泊旁烤肉,一边欣赏这迷人景致。过了一会儿,迎面走来一名头顶微秃的男子,突然大声喊道:"老师!老师!"原来,他就是当年那个想盖大别墅而被批评不切实际的学生。

这座农场占地五十甲,有偌大的人工湖泊和林立的别墅区;光是提供游客使用的烤肉设备就有两千个,规模之大完全超乎老师想象;当然,也超乎男子当年的志愿。老师不禁感慨地说:"就因为你敢于梦想,所以今日得以美梦成真;我不敢做梦,就只能当一辈子小学老师。"

"人类因梦想而伟大。"你了解孩子的志愿吗?你还记得当年的志愿吗?如今美梦成真了吗?所幸现在有"生涯档案",父

母可以进一步了解孩子的志愿。但请尊重孩子的想法,让他选择符合自己兴趣和专长的发展方向,才能更有效地协助他圆梦。

建立正确的价值观

父母要特别注重生活教育,帮孩子奠定正确的价值观。加强道德教育不能仅靠口号或教材背诵,应在日常生活中让孩子落实体验。

建立孩子的价值观,要从重视道德教育开始,以培养孩子高尚的品德。

知名演说家张锦贵教授曾语重心长地呼吁,现代父母应重新检讨对孩子生活礼节的教养;父母不教孩子,孩子怎会有良好的价值观呢?张教授提到,有一次他去拜访朋友,按下门铃后,马上听到屋内传来高八度的回应:"什么人啊?"

张教授表明身份后,就再次听到尖厉的声音:"小明,妈妈炒菜正忙,你去开门!"

男孩也高声回应:"我也在忙,你去开!"接着就听到两人僵持不下、硬要对方去开门的争执声;后来,显然是孩子赢了,因为前来开门的是妈妈。

张教授一进门,看到沙发上坐着小明和一只狗,他们正在看电视;妈妈立刻把狗唤下来,让座给张教授;却没有让孩子有学习让座的机会。

刚开始谈话时，电视声音大得盖过了谈话声；妈妈要小明把电视声音关小，小明说："不行啦！太小声就听不见了！"妈妈说，有客人在这儿，不能讲话如此没礼貌。

"妈，你很烦耶！"小明耐不住大人的啰嗦而发火了。妈妈倒是脾气不错，委婉地劝小明到房里去看。

"就是房间的电视太小，我才要在这里看啊！不然你们去房间里谈好了！"孩子的不知礼节可见一斑，这就是父母的教养责任了。

父母常忽略了去要求孩子的生活秩序与礼仪；然而，正是这些被忽略的生活细节，暴露出孩子缺乏生活教育。最简单的就是逢人寒暄："您要出门吗？""您回来啦！"这些看似多此一举的问候语，正表现出人际间的亲切和温暖。嘴巴甜总是讨人欢喜的，因此从小就要培养孩子应对进退的礼仪，这就是价值观培养的开始。

又如，从小我们都被教导在公车上要让座给老弱妇孺，但目前这项品德教育显然与年龄成反比——我们常遇到青少年不让座的情形。为何青少年会视而不见呢？尤其愈大的孩子愈不会让座，可见我们的高等教育多么不重视道德教育。

教育大致可分为三个层面：知识层面——对事物的认识与了解；技能层面——教孩子操作事物，动手劳作；还有情感层面，亦即价值观的建立。以前的社会较重视情感教育。例如，吃饭时不小心饭粒掉在地上，老师会要求把饭粒捡起来，因为"锄禾日当午，汗滴禾下土；谁知盘中餐，粒粒皆辛苦"。每一

颗米饭皆得来不易，要懂得感恩农夫的辛劳。

十几年前我到大陆苏州参观纺织工厂，看到好多女工辛勤地埋首工作，大热天里还要把蚕茧泡进滚烫的热水中。我们都认为，这样的工作一定是苦不堪言，但她们却异口同声表示"工作挺好"、"不累"、"有工作做就不苦"。她们当时一个月的薪资只有人民币六百元，约合新台币二千四百元；对于这样的酬劳，她们的看法是："很不错！"她们的价值观是勤奋、努力、认真、有工作真好，一点都不计较酬劳。

但我们同行的团员中，有一位老伯伯认为她们真可怜；他说："我在台湾什么都不必做，每天闲闲在家，就能按月领到老人津贴三千元（新台币）。比起来真是幸福多了！"

那次的旅途中，我们还发现有许多农村的小朋友在放牛、放羊，当时并非周末休假日；小朋友不上学，是因为他们必须工作以贴补家用，"要赚钱帮家里盖房子"。如此清苦的生活环境、为生存辛勤打拼的情景，十分类似早期的台湾社会，这恐怕是如今生活在富裕台湾的孩子们所无法体会的。

孩子的日常行为中，"爱说谎"最令父母感到头疼。我们常说："事出必有因，有因就有果。"应先找出孩子说谎的原因。若是习惯性说谎，则有必要了解父母是否会经常信口胡言，让孩子在无形中染上恶习。曾有家长提到，孩子会说些与性有关的言辞；详细了解之后，才发现孩子经常偷看父母的色情光盘。父母是孩子的最佳榜样，必须格外谨言慎行、以身作则，才不会无意中给孩子不良示范而造成行为偏差。

孩子耍赖也是另一个常见问题。家长不必大惊小怪，应该培养孩子理性沟通、表达的方式及技巧，让他好好把话说清楚；父母也必须耐心倾听，再与孩子共同讨论解决。

此外，父母的态度务必坚定果决，并建立一套处理机制，不能让孩子有丝毫侥幸耍赖过关的心理；否则，标准不一、原则多变，就无法彻底革除恶习。

有位家长提到：家中有两个孩子，老大表现良好，老二状况不断；于是，老二因常被责骂或处罚而心生不平，认为是父母偏心。

要解决这项争端，首先应多注意老二的优点，对于小缺点则不必太斤斤计较；其次，对其所犯的错误要明确指出，并让孩子理解行为不当的原因。处罚的目的不外乎制止不当的行为，但父母在处罚孩子的同时，却常忽略告诉孩子如何做才是正确适当的行为。

赞美孩子时也一样，不能只说"很乖"、"不错"等笼统的字眼，最好能明确指出何种行为乖、为何表现不错，才能增强孩子表现正面行为的动力。同样地，也必须明确指出不当行为的原因，才能有效制止一犯再犯。总之，凡事一定要诉诸道理、说明原因。

父母要特别注重生活教育，帮孩子奠定正确的价值观。加强道德教育不能仅靠口号或教材背诵，应在日常生活中让孩子体验与实践，尤其必须持之以恒。

爸妈别抓狂

培养孩子身心健康

培养小孩有能力处理生命中不可避免的压力与挫折,远比处心积虑造就孩子功课优异重要许多。

身心健康包含生理和心理两方面。要维持生理健康,就得让孩子早睡早起;看似很简单,无奈很多小朋友做不到,超过晚上十点才上床的大有人在。孩子在发育阶段,极需充分的睡眠,"早睡早起身体好"并非空泛的口号,而是对健康具有实质性的意义,更何况一夜好眠后,才有精神面对一天的生活。

饮食均衡也很重要。多数小朋友都有偏食习惯,尤其受西式饮食影响,孩子偏好炸鸡、薯条和汉堡等高热量食物。请帮助孩子减少摄取这些易引发心血管疾病的垃圾食品。

同时还要加强孩子的运动技能。根据研究发现,持续性的运动,可以使人分泌脑内啡(endorphin)而产生神清气爽的愉悦感;有氧运动则能增加脑内血液的含氧量,不仅有助于协调四肢功能,还能提升记忆与思考能力,学习效果自然渐入佳境。

至于心理健康,则着重在训练孩子的挫折忍受力。"人生不如意事,十有八九",没有人能够一生一帆风顺。孩子若无法面对挫折,即使成绩优秀每次都名列前茅,一旦有了失误,将无法承受失败的打击。近年来已发生多起学生因课业压力而自杀的案例,有人甚至死意甚坚,一次不成,再次自杀;加上年龄层有下降趋势,不得不令人重视其严重性。

孩子为何如此不耐挫折?父母的过度宠爱是最大原因。除了课业压力之外,也有人竟因为青春痘过多而上吊,这充分暴露出现代孩子的挫折忍受度过低。父母应该让孩子们尝试失败,再鼓励他们从失败中奋起。例如,考差了,就鼓励他把心思放在下一回,再努力就行;不必因这次的失败而自暴自弃,甚至想不开。人生本来就是充满一连串的试炼和考验;能从失败过程中培养愈挫愈勇的毅力,成功的果实一定更加甜美。

培养小孩有能力处理生命中不可避免的压力与挫折,远比处心积虑造就孩子功课优异重要许多。有些家长老是抱怨孩子的语文、数学成绩很差,其实不必过度担心。请相信"一枝草,一点露",只要培养出挫折忍受力,能够不屈不挠,相信孩子天生我材必有用,行行皆能出状元。

除了饮食、睡眠等生活作息正常之外,现代人压力大,父母尤应特别关心孩子的情绪;若孩子显得愁眉苦脸或心事重重,就该主动关心他是否遇上什么困难,同时用心倾听,这是第一步。从孩子的叙述中可观察出很多面相,包括人际关系、是非价值观等;若发现不妥,可及早因应处理。

要先了解孩子心中的想法,父母才能针对问题对症下药。请放低身段,设身处地站在孩子的立场,甚至试着以当年你还是孩子这年龄的心态去揣摩孩子的心情,这就是同理心的应用。

要如何放低身段、设身处地站在孩子的立场想?以下举个例子——有一家百货公司新开张,打出全馆五折的好消息,孩

子得知后,要求妈妈带他去买玩具。妈妈推辞说那里一定人山人海,不想去人挤人,但最后拗不过孩子的坚持就带他去了。没想到才几分钟,孩子就吵着要回家:"因为人太多太挤了,什么都看不到。"妈妈这下真的生气了,大庭广众下喝斥孩子吵着要来又吵着回家,简直是无理取闹;孩子哭了起来,妈妈更加气不过而给他两巴掌。

另一对母子也是如此,孩子也是没多久就想回去。这时妈妈蹲下来,把孩子搂过来并温柔地问明原因;孩子这才表示:"因为人太多,大家都挡在我前面,我只能看到大人的背影,什么玩具都看不到。"这位妈妈由于能够放低身段蹲下来,方能以孩子的角度看到他眼前的世界,也才能真正体会到孩子的困难。

我们都离开孩提时代太久了,因而忘记孩子的想法,而一味以大人的标准看待和要求,无怪乎形成了亲子间的代沟。孩子为了一支断掉的铅笔而伤心难过,若你的反应认为不过就是一支铅笔,没什么大不了,再买就行了,那就完全忽略了孩子的想法。若你能问他伤心的原因,他也许会说,这是上次爸爸从日本带回来送他的生日礼物,他非常珍惜。总之,主动关心孩子的情绪,悉心倾听他的想法,才能真正理解孩子的困境。

注意孩子的疑问。孩子会问"为什么"是天经地义的;在他们的世界里,很多的第一次、很多的新鲜感,当然就随之引发很多的"为什么"。坐在火车上的孩子问妈妈:"为什么窗外的风景会一直向后退?""为什么小鸟停在电线上却不会被电死?"尤其资优的孩子特别喜欢问"为什么",像是"我从哪里来的""为什么高山离太阳比较近,却反而是冰天雪地"之类的问题。

如果父母都回答"不知道",亲子间就没有交集;更差的反应就是要孩子不再发问,这等于是扼杀了孩子探索世界的好奇心。若父母不知如何回答,最简单的方法是反问:"你说呢?"让孩子自己动脑去思考,父母也能借以了解孩子的想法,绝不可制止孩子发问。

让孩子学习独立自主

孩子的命运掌握在他们自己手上,所以要舍得让孩子吃苦,给他学习的机会。在孩子的成长经验中,每件事都是一种学习,可藉由经验成就面对问题的能力。

除了不该扼杀孩子探索世界的好奇心,还要让孩子学会自己做决定。父母通常很习惯于下指令,例如:"来,穿这件衣服!"其实不妨改成:"你觉得穿哪一件比较漂亮呢?"让孩子从这些生活琐事中学习自己下决定。太常帮孩子做决定的后果便是,孩子愈来愈没有主见。此外,当孩子决定穿哪件衣服时,也不要嫌弃及批评他的选择,这也会造成孩子没有自信、失去主见。

再者,让孩子自己动手做,不要代劳。常常有孩子到了学校才打电话说:"我忘了带联络簿。"如果妈妈放下电话后便马上送去,这种代劳的结果,就是孩子三番两次忘记带联络簿。

爸妈别抓狂

若父母能放手让孩子去承担忘记带的后果，让他为自己的行为负责，他才能记取教训而改掉坏习惯。

要培养孩子独立的能力，就要让他有更多练习的机会。有个孩子要求的生日礼物是DIY的狗屋材料，他想亲自为爱犬盖一间小屋。爸爸满足孩子的愿望把材料买回来，却干脆帮孩子完成组装，组装完还意犹未尽地上漆、上蜡。结果，孩子回来看到狗屋成品，完全没有喜悦之情，因为爸爸把孩子想做的工作做完了，剥夺了他的乐趣以及亲自为小狗盖房子的愿望。

每个人的一生中都有许多梦想和愿望要去实现，这就是在开创自己的命运；我们的命运都掌握在自己的手里。有本书中提到一个例子：有个年轻人去算命，命理师断言他的寿命将在年底前遭逢重大变故而结束。年轻人听信其言而无心工作，终日怀忧丧志；同事就介绍他去向一位有修为的老者寻求帮助。老者对年轻人说："你的命运掌握在你的手上。"年轻人不解。于是老者承诺，只要年轻人能登上玉山，找到一块温热的石头并将之带回，他就有办法帮年轻人消灾解厄。

年轻人果然费尽了千辛万苦登上玉山顶峰；然而，一片冰天雪地中，怎找得到温热的石头呢？年轻人万念俱灰地坐下来，慨叹自己命运多舛，就要英年早逝。不知过了多久，年轻人打算下山回家等死，起身整理行囊之际，意外发现刚刚坐过的石头竟是温热的。年轻人这时才恍然大悟老者所说的："你的命运掌握在你的手上。"

孩子的命运当然也掌握在他们手上，所以要舍得让孩子吃苦,给他学习的机会。在孩子的成长经验中,每件事都是一种学习,可藉由经验成就面对问题的能力;父母应从旁鼓励并指导做事技巧,而非剥夺孩子的学习机会,毕竟,我们不能伴随孩子过一生,因此必须培养孩子处理事务、承担责任、化解委屈的能力;如果事事越俎代庖,反而是害了他。

所谓"儿孙自有儿孙福,莫为儿孙当马牛。"对于孩子的未来,父母实不必操之过急;应先培养孩子开创前途的意志和能力,然后放手让他自由发展,创造自己的美好前程。

培养孩子幽默、乐观的个性

凡事都是一体两面,你可用负面角度解读,也能用正面角度看待;父母能帮助孩子剖析事情的正反两面和利弊得失,就可打开偏执的视野,培养乐观的人格。

乐观是解决问题的方法,幽默是脱离困境的智慧;因此,父母应尽可能培养孩子幽默和乐观的性格,让他能以正面、快乐的角度看待事情,不致陷入无谓的沮丧和懈怠中。

从前有一位国王,他最重用的大臣就是一个天生乐观的人。国王问大臣天气骤变、乌云密布,是否为不祥之兆?大臣微笑回答,这没什么,是正常的天气现象。国王又问,那河水无端泛滥,是否为不祥之兆?大臣同样微笑回应,这是疏于治理所致,并无不祥之兆。一天,国王外出打猎,指头不小心被弓箭

爸妈别抓狂

所断,国王问大臣,是否为不祥之兆?大臣微笑答说,这没有什么,因为您不小心,所以该断的时候就会断了。国王闻言大怒,认为大臣冒犯自己,就把他关进大牢。即便如此,这位大臣仍然保持平静的心情安度牢狱岁月。

时过三年,国王早已遗忘了大臣。有一天,国王到从没去过的远方狩猎,不料被当地的野人族群逮捕;依野人传统,入侵狩猎者将被处死以祭神谢罪。就在国王行将就刑之际,野人发现国王竟断了一截指头。依据传统,贡献给神明的人必须四肢健全无缺;国王少了一根指头,若用之祭祀,将亵渎神明。因此,就改由随侍的大臣代罪受死。

国王被释放后,才忽然想起那位还在大牢里的大臣,于是前往探视并向他再三道谢。国王问大臣是否怨恨自己,大臣说:"要不是当年国王判我入狱,今日代国王受死的人就是我了。"这就是乐观正向的想法。

凡事都是一体两面,看待事物不能偏执一边。下雨了,孩子要是抱怨不能出去玩,妈妈就要安慰孩子,因为下雨,所以我们可以一起看电视、好好聊聊天。孩子考不好了,妈妈要安慰,下回有更大的进步空间。你可用负面角度解读,也能用正面角度看待;父母能帮助孩子剖析事情的正反两面和利弊得失,就可打开偏执的视野,培养乐观的人格。

若孩子表现不如你意,请父母要领悟到:孩子有他自己的路要走,不要强迫他活在父母的期待下;但要培养他乐观进取的态度,才能从容、愉快地应付竞争压力与任何瓶颈,积极地开创自己的人生。

"师父引进门，修行在个人。"无论你吸收到再多知识，得到再多启发，重要的是身体力行。有个人每天都热切祈求菩萨能大发慈悲，让他中乐透彩票。两个月后，菩萨再也看不下去了，就显灵对他说："我可以让你中奖，但首先也是最重要的，就是你必须自己去买张乐透。"这虽是笑话一则，但意在告诉我们，心动不如行动，坐而言不如起而行。请立即将你的所学，确实应用在实际的亲子互动中，尤其是"同理心"、"我爱你"、"倾听"等教养孩子的基本原则；这样才能真正改善亲子关系，并培养出优质的孩子。大家一起为孩子努力吧！

(SMART的亲子教养秘笈)
做自己与孩子的心灵工程师

◎ **蔡毅桦**（心理咨询师）

- 孩子放学回到家就书包一甩，然后打开电脑玩线上游戏。
- 孩子的功课非常好，却仍然没有自信。
- 孩子出门像丢掉，进门像捡到。
- 孩子爱骂脏话。
- 孩子不吃饭就要看电视。
- 到大卖场，孩子看到琳琅满目的玩具就吵着要买。

爸妈别抓狂

现代父母十分关心孩子的成长和教养，不但必须在百忙中陪伴孩子，还得不断自我成长。有两个小孩的我，十分能感同身受这个中辛苦。加上我是一名心理咨询师，在从事实务工作与实践亲子教养的过程中，更能体会青少年和父母双方的心声及困难。

从亲子关系觉察出发

有时候，孩子就像是天使；但有些时候，他们也很像恶魔。"如果可以重新选择，你还愿不愿意当孩子的爸妈呢？"

"如果可以重新选择，你还愿不愿意当孩子的爸妈呢？"透过这种亲子关系觉察，目的是让父母有机会重新反省自身亲子角色的甘与苦。不论答案是"愿意"还是"不愿意"，这个思考过程就是在觉察为人父母的角色与关系；并且，这些"愿意"或"不愿意"的想法和念头，都活生生地影响到父母与孩子的互动关系及品质。

有时候，孩子就像是天使；但有些时候，他们也很像恶魔。对孩子而言，大人不也是如此吗？有时会有慈蔼、悲悯、温柔的一面，有时就会表现出不耐烦、生气和恨铁不成钢的挫败感。

在亲子关系觉察中，若你选择"愿意"继续当孩子的爸妈，请你牢记这样的正向经验，同时在未来的亲子生活中，继续以此正向念头支撑这一甜蜜的负荷。同样地，若你选择"不愿意",也请你探索究竟是什么原因,造成你无法看到孩子天使的那一面,无法在负荷中找到甜蜜的滋味。

当然,父母若不能照顾好自己,就更无法照顾好孩子!没有快乐的父母,通常也很难有快乐的孩子。觉察自身的父母角色,并且学习自我照顾,都是我们当孩子心灵工程师的重要起步。

分享式的沟通

小学阶段,是和孩子建立"分享式的沟通"的最佳时期,因为这时期的孩子喜欢黏着父母谈天说地。亲子互动的重点不在时间的长短,而在互动的品质。

谁绑架了你的孩子?乍听之下,这个议题十分可怕,但我们要讨论的是,为何孩子常常和父母不同心?父母抱怨孩子不听话,连吃个饭、洗个澡都要唱反调;尤其当孩子看电视和玩电脑时,更是叫都叫不动;于是家长们高呼:"孩子被电视和电脑绑架了!"没错,这是社会生活形态改变后,所引发的亲子互动和教养问题。所幸,父母都有危机意识,能进而关心并寻求解决之道。

要解决孩子沉迷网络世界的问题,父母的首要功课就是了解网络世界。

有个电视广告描述了处理孩子沉迷网络的不错对策:孩子

放学回到家就书包一甩,然后打开电脑玩线上游戏;爸爸苦无机会和孩子互动。后来爸爸灵机一动,干脆上网和儿子一起玩;在线上游戏中,他们可以是伙伴,可以是敌人,从互动中有了话题,进而建立情谊,改善了亲子关系;之后,爸爸才有办法进一步有效地教育和规范孩子。

而不可否认的,看电视确实有放松心情、纾忧解闷之效。下班回到家后,我们不也希望能轻轻松松地休闲吗?孩子当然也是;父母的责任,是帮孩子过滤适合的节目。其次,即使不能禁止孩子看电视,也要节制他看的时间,或者学习如何让看电视成为亲子间的良好互动。要顺利达成此目的,就要学习"分享式的沟通"。

所谓"分享式的沟通",意指:亲子互动的品质,更重于亲子互动时间的长短。

您每天花多少时间跟孩子相处呢?当我问这个问题时,曾有一位妈妈理直气壮地说:"一天二十四小时,我至少就有八小时陪孩子!"这真的很不简单!扣掉工作和睡觉,她几乎都在陪伴孩子。我接着问她都陪孩子做些什么呢?妈妈回答:"孩子很爱看电视,我就陪他看。"我继续追问看什么电视节目?她说:"看《台湾霹雳火》的邢素兰和刘文聪。"那看完之后呢?她说:"看完都九点半了,当然就去睡觉!"我告诉这位妈妈,她愿意陪伴孩子的观念很好,做到了九十九分,可就是少了一分,这一分就是"分享式的沟通"。

父母应尽量陪伴孩子一起从事活动,任何事都好,哪怕是看《台湾霹雳火》这类的电视连续剧;重点是,看完之后要跟孩子进行讨论。"分享式的沟通"最简单的方式是问孩子,看完这一集后,令他印象最深刻的是哪一个画面、哪一句话或哪个角色;尽管孩子可能回答:"我若是不爽,我就想要报仇!我若是想要报仇,就会送你一桶汽油、一枝番仔火(火柴)和一个鸡蛋糕(指手榴弹)!"

从孩子兴致盎然地模仿刘文聪的经典台词,父母就应该进一步了解他的想法,并适时介入处理孩子所反映出的价值观。若看完电视就各自去睡觉或各做各的,没有时间会心交谈,那么,亲子之间共处的时间再长,坐在一起看影片的时间再久,仍宛如电影院里比邻而坐的陌生人,当然难有良好的互动关系。

分享式的沟通就是一种进入孩子心理世界的方式,让孩子有机会去叙述电视中或生活中令他印象深刻的画面、对白或角色,亲子间就可借机搭起一座心桥,父母可以当孩子的心灵工程师,和他讨论对剧中人、事、物的种种看法。

也许,孩子的回答可能是:"原来也可以用火柴点生日蛋糕,我都没想过。"也可能是:"这样的台词够酷!我喜欢撂狠话的快感!"这两种回答所代表的意义完全不同——前者是单纯的功能性意义,后者代表孩子的价值观可能有偏差,父母就必须进入孩子的世界,并给予机会教育。这就是"分享式的沟通"与制造"有品质的亲子互动关系"的简单技术。

再说,"互动的品质"与"分享式的沟通",是可以在生活中随时进行的。孩子放学回来,我会问他学校发生的趣事或特

别的事件;去一趟超市购物,就问他是否发现什么新鲜好玩或印象深刻的事物。有一次,我的孩子提到班上的同学很搞笑,还边说边表演;从孩子的描述过程,就可窥知他对友谊的看法以及处理人际关系的态度等。

父母要放下身段,进入孩子的内心世界,才能拉近与孩子的距离,建立起能够有效沟通和讨论的亲子关系,孩子才会受影响而有正向的改变。小学阶段,是和孩子建立"分享式的沟通"的最佳时期,因为这时期的孩子喜欢黏着父母谈天说地;等到孩子长大了,逐渐建立起属于他自己的世界,就不那么容易了。

再者,上述这位妈妈一天陪孩子八小时,对很多父母来说,这么长时间的陪伴可能是奢求,尤其是蜡烛两头烧的双薪家庭。但目前我们正积极提倡"一分钟父母"或"五分钟父母",这样的时间不能再说太长了吧!专家指出,亲子互动的重点不在时间的长短,而在互动的品质。如果每天陪伴孩子八小时,看完电视之后就各自上床睡觉,那实在起不了太多教育与陪伴作用。

若你无法抽出太多时间,但很愿意花一分钟或五分钟放下手边工作,专心和孩子面对面谈心,让他有机会诉说,让你有机会倾听,借此了解孩子一天的生活情形、所思所行,这样一分钟的互动品质,绝对要比前述八小时的陪伴更能凝聚亲子间同心的情谊。

不要老是只让孩子看见你的背影,不要让孩子对着你的后脑勺说话,因为我们都需要被尊重,被当一回事。"生理、心理的专注"及"尊重孩子",是建立良好互动品质的第一步;每天只要一分钟或五分钟的时间,请您放下手边事务,专心以孩子为主体,这样的互动真的不难!

只是,如果之前并没有这样的经验,一开始可能会不太习惯,孩子也会认为爸妈怪怪的。但请坚持下去,一段时日后,孩子不但会习惯,还会喜欢你这么做,更会因为你的善意对待而学会尊重他人;同时,你的倾听会让他肯定自己的价值,不但成就自己,也让亲子关系得以更亲密。

多元金字塔价值观

人生中各种不同能力、不同价值的金字塔,都应该被父母看到并重视。若父母只用单一价值来看待孩子,认定"不会读书就是没有用的人",将会引发更糟糕的结果。

一方面,我们不满"孩子成天被电视和电脑绑架"的生活形态;另一方面,我们也会毫不自觉地受"会读书,才有前途"这个单一主流文化价值所捆绑。殊不知,凡是以"会不会读书"来断定一个人的前途与价值,甚至凭此认定他是不是一个好孩子,这种偏差想法往往不仅伤害了孩子,也破坏了亲子关系。

我们常用金字塔的概念去评论孩子在群体中能力的高低。然而,人生中应该有许多不同价值观的金字塔,除了读书金字塔之外,我们常常忽略了还有绘画金字塔、人际关系金字塔

等；如二〇〇四年奥运跆拳道金牌得主朱木炎和陈诗欣，就是处在体育金字塔顶端。换句话说，有些孩子虽然功课不佳，体育也不在行，但人缘极好，或是很诚实、很勤奋等，这些人生中的各种不同能力、不同价值的金字塔，都应该被父母看到并重视。若父母只用单一价值来看待孩子，认定"不会读书就是没有用的人"，将会引发更糟糕的结果——孩子就会用这样的价值观来看待自己，更形成其缺乏自信、无价值的自我概念及意向。

其实，功课好的孩子未必人际关系就好或办事能力强；但我们发现，当班上要推举代表人物时，孩子总是推派功课好的同学，因为他们也被"会读书很重要"的单一价值所影响。教育当局近年来所推广的多元文化思考、多元教学方式、多元入学管道等措施，无非企图打破这种单一金字塔价值观的迷思，要让不同专长的孩子都能得到相应的发挥与成长空间。

为何必须用多元金字塔价值的观点来看待孩子呢？举例来说，有个胖胖可爱的男生，因为笑容十分灿烂，我都打趣称他是弥勒佛；然而，他每次前来咨询时，总是低着头、四肢僵硬地走进来。询问之下，方知他总是一到学校就肚子痛，为此困扰不已。其实，这是因为学习上遇到障碍，心理引起生理反应的结果。

这孩子其实相当具有绘画天分，只可惜这项才艺在目前初中的课业评量比重上，并不能获得太多的肯定与赞赏。我试着让他了解他有属于自己的金字塔，并说服他的家长认同这一点。

一段时日后,这孩子慢慢发现有人懂他,并能欣赏他在绘画上的表现以后,上学就不再肚子痛了。当然,他的学业成绩并不能立即有所改进,这是我们必须接受的事实,因为读书并非他擅长爬的金字塔;但如果能当孩子的伯乐,赏识孩子的优点,协助他进行适性发展,孩子的身心就能因为多元金字塔价值观而获得救赎了。

电影《鲁冰花》和《小孩不笨1》《小孩不笨2》都是很值得大家观赏的影片,故事的主旨就是要打破对单一读书金字塔价值观的迷思。父母必须了解,很可能孩子并不是故意不读书,而是他另有其他的兴趣和专长;父母就是要当孩子的伯乐,发现、引导及欣赏孩子的强项,让他有自信地投入感兴趣的事物,获得生活的乐趣,并找到人生的意义与价值。

记住对孩子健康、快乐的期望

要责备、要求孩子时,请先问问自己:你所要求的事,与孩子的身心健康快乐有关吗?

除了具备多元金字塔价值观之外,我们还要时时检查自己,是否违背了对孩子最根源、最核心的渴望与期待。

赚大钱、事业成功、婚姻幸福、身心健康快乐,如果只能有一个选择,你希望你的孩子拥有哪一项呢?此时,相信绝大部分的父母,都会舍去其他选项并单纯地只希望孩子能拥有健

康快乐的身心。请记得你的这个心愿，然后请再回想一下，当你赶着孩子去补习时，是因为不去补习会让他身心不健康、不快乐吗？还是更担心他若没拿好成绩，未来就无法赚大钱呢？

换句话说，父母必须记住自己对孩子健康、快乐的期望；下次再要责备、要求孩子时，请先问问自己：你所要求的事，与孩子的身心健康快乐有关吗？因为，我们的行为经常违背了我们对孩子最基本的渴望与期待；甚至因为绕不出读书金字塔的单一思维，仍然有意无意地做出戕害孩子身心健康的行为。

如何改变呢？请随时提醒自己：当你气孩子考不好、气孩子不努力用功，甚至就要脱口说出伤害孩子的言语时，先停下来扪心自问："有这么严重吗？"再想一想，我的生气为何而来？是因为他不能获得健康快乐的身心，还是因为不能有好成绩、事业成功并赚大钱等其他附加的渴望呢？

曾经有个六岁大的孩子透过社区心理咨询电话向我寻求协助，问的竟是简单的数学加法问题。有别于大多数带着极深情绪与创伤经验的咨询电话，我一时间还真的反应不过来。

协助这个孩子解决简单的一位数加法后，除了肯定他的积极学习态度之外，也不免让人担忧与疑惑："是他的家人不会教他简单的数学吗，还是父母忙着拼经济而没空协助孩子学习？"我揣想着：是何种家庭生活以及亲子关系，让电话那端的孩子必须向心理咨询机构求助数学问题？同时问自己：为拼经济而忽略孩子的成长需求，这种行为到底是疼爱孩子还是伤害了孩子？

实际生活中经常会发现，父母本着"爱孩子"的教养动机，却不自知造成了"伤害孩子"的事实与后果。

有一回，我在处理一件虐待儿童案的强制亲子教育（依《少年事件处理法》规定，凡孩子累犯的原因是由于父母的不当管教所致，得强制该父母接受亲子教育辅导），施虐者正是孩子的亲生父亲。他要求孩子进门时必须顺手把门关上，孩子回说："不要！你自己关！"爸爸就气得抓起木条往孩子身上猛抽；虐待的事实，正烙印在孩子遍体鳞伤的身上。

一进咨询室，这位终日忙着努力拼经济的爸爸，便以闽南语大声叫嚣："你这什么公家机关！我在教小孩，还叫我请假来听你训话……"对于孩子的不当行为，这位爸爸的处理方式就是把孩子吊起来殴打。我能体会他那种恨铁不成钢的心情，也能理解他在忙碌的工作之余，实在没有太多时间关心孩子；于是，打骂成为他所认为最快速有效的教养策略。

请问，孩子不关门有那么严重吗？他关上门就会身心健康快乐吗？爸爸会这么生气，平心而论，其实是因为尊严被侵犯，而非纯粹是为了孩子好。

当然，爸爸也会辩解，这完全是为了养成孩子良好的生活习惯；但是，我仍试图协助他明白"疼爱，不该是伤害"的内涵。我相信他一定是爱孩子的；只是，用这种打骂的教养方式，让他爱孩子爱得很孤单；而且，这样的爱，让孩子一见到爸爸就想躲得远远的，甚至惊动了左右邻居通报为虐待

爸妈别抓狂

儿童。

我们相信,全天下的父母都深爱着自己的子女,这位爸爸也不例外。父母对孩子总有无尽的担心与期待,却往往因为有过多的要求、谩骂甚至责打等不当的管教方式,结果掩盖了对孩子最初且最深层的关爱。我们必须提醒各位父母:打骂不等于疼爱,也不是"爱之深,责之切"的表现;管教应该采用亲子双方都愿意接近和接受的爱的方式。

压垮骆驼的最后一根稻草

亲子关系就像在跑马拉松一样,是一条漫漫长路;过程中,我们必须先学会照顾好自己的情绪,帮助自己与孩子找出释放压力和情绪的方法与管道。

在亲子互动过程中,父母会有负面情绪是很正常的;况且,生活中本来就有不同的压力来源。但是,父母也得提防自己的负面情绪和累积的压力变成"压垮骆驼的最后一根稻草"。

"压垮骆驼的最后一根稻草"效应,是心理学上经常提起的故事——主人带着一头骆驼在沙漠中行走,骆驼背了十公斤的行囊;但对骆驼而言,这点重量根本是小意思;它踩着轻快的步伐,高声欢唱:"毋惊风、毋惊浪,我是世界第一等……"一段路途后,歌声还继续着,但已见沙哑和喘息,步伐也慢了下来。此时,主人又在它背上加了五公斤的货物。骆驼还是尽忠职守地向前行,但已忍不住出现痛苦的表情了;它含着眼泪、带着微笑地唱道:"爱拼才会赢……"不料,天空忽然飘来一根稻草,正好落在骆驼的背上;这时,骆驼就不支倒地了。

骆驼既能承受十五公斤的重量,怎就消受不起这区区几毫克的一根稻草呢?这则故事在心理学的启示是:每个人所能承受的压力是有限度的;如果父母在生活中持续不断地出现负面情绪与累积压力,又没有适当地调适与处理,就极有可能会因为一件无足轻重的事件而全盘崩溃,甚至演出亲子间的"全武行"。

换句话说,我们必须先好好照顾自己。毕竟,亲子关系就像在跑马拉松一样,是一条漫漫长路;过程中,我们必须先学会照顾好自己的情绪,帮助自己与孩子找出释放压力和情绪的方法与管道。其实,压力都是累积而成的;父母和孩子若都没有机会去整理自己的情绪,没有适时将心中的垃圾倾倒出来,当满载到临界点时,就再也承受不住一点点的刺激了。

相信很多人都有这样的经验:白天上班被老板臭骂,或售出的产品被退货;晚上一回到家,又被冒失冲出的孩子擦撞了一下,于是就忍不住破口大骂孩子……这就是典型的"压垮骆驼的最后一根草"效应。平常的你,是不至于这样情绪失控的;但当天累积了太多不满情绪,再也压抑不住就溃堤了。

当然,孩子也会有这种情形;他在学校一整天,也可能累积了不少负面情绪。父母要关心和学习的,是帮助孩子找出纾解压力与情绪的方法与管道。

爸妈别抓狂

亲子间的互相期待与影响

如果你希望孩子会读书,就千万别在他面前咒骂:"你是猪啊!"甚至更恶劣地辱骂:"你是脑震荡的猪!"

很多孩子找不到自己的价值,因为他被放在读书金字塔下,却不是读书的料;尽管有其他特长,但仍无法建立自信。这是因为父母、师长没有扮演好孩子的伯乐,没有发现孩子的长处,也没有帮孩子找到自我价值。

有些孩子的功课非常好,却仍然没有自信,因为他很少受到父母的肯定和赞美;考了九十九分,父母会责怪为何粗心被扣一分。父母认为孩子不够好,孩子就会自认不够好,哪怕已是班上前三名了,仍没有自信;甚至拼上第一名,都还要时时担心下次会被别人超越。如果我们愿意和孩子面对面沟通,愿意当一分钟的父母,愿意用多元金字塔价值观来看待他,孩子就会有不一样的概念,得到不一样的自我形象,才会有更多能量去应对人生的各种挑战。

心理学上有所谓"自我应验效应"(self-fulfilling prophecy),指的是预期或期望的高低好坏,会影响结局高低好坏的一种效应。亦即,当孩子觉得自己的数学能力好,他考高分的几率就大;如果自认是个数学白痴,恐怕他这辈子都会放弃数学了。因此,如果你希望孩子会读书,就千万别在他面前咒骂:"你是

猪啊！"甚至更恶劣地辱骂："你是脑震荡的猪！"这些不当的羞辱，其实已经渐渐在戕害孩子的自我概念，进而形成他的负面自我应验，导致他自我放弃。

反之，父母若明示或暗示地鼓励孩子："你一定做得到的，我相信你！而且你就比昨天做得更好啊！"孩子就能朝着父母赞美的方向成长与前进。孩子得到父母的肯定，也会形成正向的自我概念，头上俨然出现光圈，身上仿佛长出一对翅膀，就要展翅高飞了。当然，父母赞美孩子的表现时，一定要能明确指出孩子好的事项或能力，让他能具体掌握到被赞美的事项，同时在持续累积的正面经验中成就自己。

我们对孩子有期望，可曾想过孩子对我们也有期望？你的孩子希望你是怎样的爸妈呢？

我曾辅导过一名小学生，他生长在单亲家庭，妈妈要兼顾家庭和工作，十分辛苦。我问他希望妈妈有些什么改变可以让他过得更好。

他居然不假思索地回答："直接换掉这个妈妈就行了！反正我的希望她都做不到！"

难道是他的要求太多吗？其实，他对妈妈的期待并不苛求，就是希望妈妈能多陪伴他；但遗憾的是，他的妈妈总是做不到。

当然，父母对于孩子的期待不必照单全收；若孩子毫无节制地要玩具，父母是不该有求必应的。但是，了解孩子的期待，与之对焦，就能得知他是如何看待父母的，必要时可立即澄清。例如，说明为何不能再买玩具的理由，以及可换成以何种方式

满足他心理的需求等。总之，就是要让孩子知道，我们了解、在意并重视他的想法和渴望，并乐于与他沟通。

你的孩子如何介绍你呢？这是了解孩子对父母期望的一个线索。作文《我的爸爸和妈妈》中，他写的是理想中的爸妈、现实中的爸妈，还是别人眼中的爸妈呢？有个孩子的作文就写道："我妈妈对别人都很好，对我就不好……"这当中隐含许多问题，值得父母关心。

每个人从原生家庭（family of origin）中学来的经验，将会影响到自己教养孩子的方式。原生家庭是指个人出生后所被抚养的家庭；在我们一生当中，对我们影响最早、最有力，也持续最久的，就是原生家庭经验。我们会不自觉地把自小被父母对待的模式内化，套用在各种人际关系中；于是可发现，我们的亲子互动形态其实很像影印机，完全复制了当年父母对待我们的方式。

你觉察到了吗？如果你很爱叨念孩子，是不是当年你的爸妈也总是碎碎念地对待你呢？你常忍不住要动手打孩子，是否当年也挨过不少父母的藤条呢？而当年的你，喜欢被父母用这样的方式对待吗？很多虐待儿童的施虐者就表示，自己也是被父母打大的。虽然父母管教孩子，出发点都是为孩子好，但是，不当的方式就会造就出行为偏差的孩子。上述被强制进行亲子教育辅导的爸爸，就是复制了他当年被管教的方式，他的孩子也承袭了他当年的不快乐。

你现在教育孩子的方式，是不是复制了你的原生家庭经验？如果你的打骂孩子，是由于自己当年也习惯于被打骂，那当年的你快乐吗？你愿意孩子再复制你的经验吗？如果不要，就试图找出不一样的方式来对待孩子吧！

我们可以使用"现实治疗"学派的观点：它教导我们通过问问题的方式，来检查行为与想要的目标是否一致。例如，自问"我想要的是什么？""我现在在做的又是什么？"去觉察自己的内在需要及目标，并确认这样的做法是否能让你的"想要"实现，还是会反其道而行，离渴望的目标愈来愈远？

曾经有位妈妈向我抱怨，她那正值青少年的孩子常不汇报行踪；她说："孩子出门像丢掉，进门像捡到。"换句话说，孩子一天到晚在外头鬼混，不见踪影。

我问她："难道孩子都不曾早早回家吗？"

她说："有啊！我就会跟他讲，你的朋友今天都死光了吗？不然怎么这么早回来？"

不是希望孩子早点回家吗？为什么孩子回来了，却又冷嘲热讽？

回过头来看"现实治疗"学派的观点。当孩子提早回来，妈妈应该对孩子说："看到你这么早回来，我真的很开心、很高兴！"如此才能增强孩子早回家的行为。如果还说些"是不是外头刮台风才把你吹回来？"这类挖苦的话语，就等于是把孩子再往家门外推出去。有时候，父母难免口是心非，完全是因为太生气而口不择言；而不当的言辞，其实相当伤害亲子关系，更与自己所想要达到的目标渐行渐远！

爸妈别抓狂

做一个懂得赞美孩子的父母

父母懂得欣赏孩子的进步,并能不吝给予赞美,孩子就能在被鼓励与爱的环境中学习成长。

发展心理学大师艾瑞克·艾瑞克森(Erik Erikson, 1902—1994)提到,人在不同时期有不同的发展任务。

零到一岁半的婴孩正是发展信任关系的阶段;可带孩子去游乐区,观察他与其他小朋友的人际互动模式,而窥知他对人的信任感。此时若能多给孩子自我安全感,他将来对人的信任感就会提高,而能发展出良好的人际关系。

一岁半到三岁是发展独立自主的阶段。孩子会不断尝试着自己将食物送进嘴里,或者凡事都要自己动手做;此时父母要协助孩子建立自主权。

三到六岁阶段为发展自动与自发的特质。若父母不能让孩子充分体验自动自发,孩子就会较没自信心,凡事都没有把握而显得退缩和害羞。

六到十二岁的学龄儿童,他们的主要发展在培养勤奋、努力。此时,父母师长应协助孩子多去从事各种活动,让他学习自我管理,培养胜任感。如果这部分的能力发展不良,则会感到自卑或自贬。

父母想要协助孩子胜任每个阶段的学习发展,就要从懂得赞美孩子开始。

孩子考了九十九分，若你的第一反应是"那一分跑哪儿去了？"孩子就会觉得，无论他怎么努力都达不到父母的要求而徒增无力感。如果一个常考五十分的孩子，有一天考了五十六分，你就称赞他比上次进步了；这样他会比较有自我控制感，也不会因此自卑和自贬。

千万不要拿孩子和别人比。赞美孩子的过程中，要看孩子是不是比昨天的自己更进步，这才比较符合孩子的状况。能够赏识孩子的小小进步，并不断加以鼓励，才能带动孩子的大大改变。

有个小女孩原是处在读书金字塔的底层，成绩总在倒数三名内。有一次，她考了九十分，全家都欢欣鼓舞；妈妈还把这张考卷贴在最醒目的墙上昭告所有人，并对女儿说："你真的做到了！"让女儿知道可以凭自己的努力达到想要的目标。虽然小女孩知道班上其他人都考一百分，自己考九十分仍然敬陪末座，但妈妈的反应，让女儿建构良好的自我控制感而产生自我激励作用。由于妈妈懂得欣赏孩子的进步，并能不吝给予赞美，孩子就能在被鼓励与爱的环境中学习成长。

既然赞美和鼓励能够激起向上的动力，当你希望孩子有某种行为时，就要设法增强它；增强的方式，就是给予适时的口头鼓励和适当的物质奖励。但须注意，奖励不能泛滥成恶习，也不能让孩子变成为了奖励而行动。例如，孩子表现良好，前三次都给予奖励，之后就要跟孩子沟通，因为他都做得到且做得很好，所以改成五六次才给奖励；过一段时日后，再调整成不定期给予奖

励；孩子不知何时可以得到奖励，就会继续去做。

专家研究指出，初期行为的建构要通过立即增强的方式；而中后期可采间歇式的增强来塑造孩子持续的改变。若是一直采固定立即增强的方式，有时孩子会变成为了奖励而行为，反而模糊了行为意义，而衍生出"要礼物才行为"的另一个头痛问题。

家长们也可以采用"代币制度"策略。举例而言，若孩子自动起床，可在计分表上画一个笑脸；若赖床，则画一个哭脸；集满七个笑脸可以换一个礼物。当孩子画上笑脸时，他一定很开心、有成就感，有动力明天再早起。孩子可能不愿画上哭脸，此时就要鼓励他："只要早点睡就办得到，加油！"

孩子每天开心地画上笑脸，这就是固定式的增强。一段时日，孩子都能早起后，就要改成间歇式增强，不必再集笑脸换奖励了。这时可换成由妈妈留心观察，孩子哪一天起得早、动作快，一切都能自动自发完成，就给予奖励；并不时给予拥抱、口头赞美等社会性增强，孩子才能跳脱因物质奖励而行动的模式，有效完成良好的行为形塑。

正向看待孩子的行为

没有不好的孩子，只有不会赏识孩子的父母和老师。每个孩子都有长处，关键在于这些优点有没有被发现和看重。

孩子的优点需要不断被发现而得到赞美，只是，做父母的能否做孩子的伯乐？试问，你能马上举出孩子的五个优点吗？

有一次，一位接受强制亲子教育辅导的爸爸表示，孩子一点优点都没有，他感到失望透顶，想要直接断绝父子关系。

我一再追问，请他仔细想想孩子的优点；他仍斩钉截铁地说，他完全看不到孩子的任何优点。

我们可不可以在孩子身上看出不同的金字塔？我们愿不愿意当孩子的伯乐？我们可不可以在孩子身上多贴一些闪亮的贴纸，而不是画上一个个大叉叉？

以下借用网络上曾流传的一则故事，来说明父母如何赏识自己的孩子——

古时候，一位员外有三个儿子，他们的智商一个比一个低。智商会影响学业表现，加上员外又只看到读书金字塔，心想：若不请个家教帮助儿子，儿子恐怕无法出人头地。征求家教的公告贴出后，好不容易有一位书生上门应征，但他表明要先测试员外的儿子，以便因材施教。

大儿子首先接受测试。老师出了上联"东边有一棵树"，要他对下联。过了三十秒，大儿子对出"西边有一棵树"。尽管对得实在不高明，但老师仍拍拍大儿子的肩膀说："对得太好了！你的方向感很不错，能够东边对西边，真的很优秀！"大儿子从没受到这般赞美，因此开心不已。由于老师赞美大儿子很有方向感，师生关系就有了正向的开始，未来大儿子在方向感方面的学习，肯定会更加卖力与用心。

轮到二儿子了，他的题目仍是"东边有一棵树"。二儿子急

得满头大汗,只见他不断喃喃自语:"东边有一棵树、东边有一棵树……"老师满意地夸赞他:"你的短期记忆力真不错呀!"

而三儿子面对相同的题目,只是伸手搔搔脑袋;两分钟后,终于开口哇哇大哭起来。面对这突如其来的哭声,老师仍十分镇定地说:"很好,答不出来会哭,表示你有羞耻心。"

这个故事告诉我们,没有不好的孩子,只有不会赏识孩子的父母和老师;每个孩子都有长处,关键在于这些优点有没有被发现和看重。而这位家教老师所做的,正是"正向看待孩子的行为",欣赏孩子已具备的能力与特质,让他肯定自我价值而愿意去学习与努力。

不知大家有无这样的经验:不经意发现孩子抽屉底层有一张考卷,分数是五十九分;上面还签了你的名字,但不是你写的。有位妈妈很生气地向我诉说孩子这种不诚实的行为。我安慰她说,从另一个角度看,可见孩子是有羞耻心的,而且他在意父母的眼光;如果孩子考了零分,还一副无所谓的模样,那才真是要担心了。

我们要赞美并肯定孩子,但并不代表不在意是非黑白;而是要从正向的角度切入,让孩子觉得自己还是有价值的,并感受到父母对他的赏识。如此,父母才能从正向的互动中,再慢慢教育孩子所欠缺的领域,让他在有尊严、有价值的情况下学习;这绝对要比劈头大骂更能达到教育效果。

如果孩子只会对出"西边有一棵树",考试老是不及格,我们能不能用不同的角度看待,去发掘并欣赏他的特长?当我们能这样做时,就表示我们开始有不同的想法和认知,并会同时影响我们的行为反应。同样地,当你用不同的眼光看待孩子,孩子也会对你另眼相待,并带动家庭成长。

被欣赏和赞美会产生不可思议的能量,被批评和谩骂则会感到无力和挫败。能正向地看待孩子,就能帮助孩子产生新的自我价值。

使用"正向解读"(reframing)去看孩子所拥有的能力与行为,注重孩子已经做到的成果;而且,孩子的所有行为都可以被"正向解读"。

有个孩子于七月暑假期间返校,烈日高挂的正午时分放学后,孩子走进一家便利商店,抓起冰柜里的冰棒就在门口大快朵颐,结果被店员报警处理。妈妈闻讯后赶到警局,又气又伤心的她一看到孩子,就上前又打又骂。

我建议这位妈妈用"正向解读"的观点看待孩子,先欣赏孩子的正向优势资源,并在正向互动中,教育他物权的观念与忍耐的重要性。

你可能会问,这个偷冰棒吃的孩子有什么值得称赞的呢?没错,我们不能颠倒是非增强他偷窃的行为;但是,即使是偏差行为中,仍可看到孩子的优势能力。在这个例子中,你看到这孩子手脚利落、动作敏捷,能马上得手冰棒的能力了吗?其次,孩子在门口吃冰并不逃避,其诚实以对的态度应该被看到。其实,他还是个很懂得照顾自己的孩子,知道吃冰消暑,不必热得苦哈哈。

爸妈别抓狂

　　如果妈妈能从这些正向的角度切入与孩子沟通，绝对要比直接破口大骂有效；因为，一开骂，孩子的耳朵就如自动门般关起来。当然，我要再次强调，孩子的不法行为不该被鼓励；然而，正向地肯定孩子其他特质及能力，不仅能卸下他的心防，并能让他看到自己仍有优势的价值。创造出沟通的艺术，才能有效灌输正确的价值观。

　　总之，先肯定孩子已具有的优势能力，让孩子感受到父母是理解他的，并非恶意批评他；这时再导正行为模式，孩子就能接受教诲了。

亲子间的情绪管理

孩子的偏差行为，其实是父母不快乐的代罪羔羊；因为孩子必须通过惹是生非来引起父母的注意和关心。

　　不要认为孩子是故意或恶意的，要相信孩子有他的困难，需要时间和方法来练习，才能矫正其不当的行为。

　　有个在家暴环境中成长的孩子，除了会打弟妹之外，也常在学校殴打同学。这孩子的爸爸很凶暴，孩子就不自觉地复制了爸爸对他的行为。我教这个孩子采用替代方法：当想对同学挥拳时，就把怒气转移至不会受伤的物件上，例如枕头；另一方面，我也要求他的父母给予他发泄情绪的空间，并同意孩子的行为可采渐进修正，并给予替代方案。

做自己与孩子的心灵工程师

这个之前总是二话不说就开打的孩子，后来在紧握拳头时，会管理好自己的情绪，不再打人而转换成骂人的方式。我再告诉他，凡想骂人时就用力拍手；练习几次之后，他每次要拍手时，自己就觉得好笑而不骂人，也不拍手了。

又如孩子爱骂脏话，可请他以别的话语代替，例如，改说出一连串的水果名、动物名、交通工具名等；久而久之，自然能降低孩子的攻击性，又能达到发泄情绪的效果。当攻击性降低，不当行为削弱，就能渐进式地导正偏差行为，亲子关系也不致闹得太紧张。

没有快乐的父母，就没有快乐的孩子；因此，父母的自我情绪管理和自我照顾，其实相当重要。

有位国王要出兵打仗，行前校阅军队时，突然想起一事，就下令大军暂时席地而坐等候。国王随即转身走向城堡，后面则尾随大队的贴身侍臣。国王直接奔入皇后寝宫，含情脉脉地问她："这世界上，你最爱的人是谁呢？"大家可以猜到的答案有"国王""王子""全国子民""自己"，每一个答案都有充分的理由。

二十秒的静悄悄后，皇后轻轻回答："我最爱的人是我自己。"霎时四周鸦雀无声，群臣全都屏息以待，等着国王的震怒降临。只见国王低头转身，随即步出寝宫，群臣也快步跟了上来。

走了一小段路，群臣开始听到国王轻快的歌声愈唱愈响亮。有大臣不解地上前询问，国王笑容可掬地说："我很高兴皇后说

她最爱自己。因为,只有能爱自己的人,才有能力去爱别人;能够爱自己的人,才能给予别人无条件的爱。"所以,父母一定得先照顾好自己,给孩子的爱才能无条件且丰厚。

譬如:你背着孩子在崇山峻岭间迷路,又不幸只剩一颗馒头,该给谁呢?是给孩子还是自己?

大部分的父母一定都会选择留给孩子吃;但是,如此怎有力气背孩子下山呢?一个连自己都照顾不好的人,怎有余力去照顾别人呢?

想想看,如果你下班回到家,已经又累又饿;孩子却拉着你要这要那,你一定很难有好脾气。如果你休息够了,恢复了精神,看到孩子又跑又跳,就会觉得他们好活泼、好可爱。

出问题的孩子,通常都有不快乐的父母。在我们的实际生活中经常发现,孩子的偏差行为,其实是父母不快乐的代罪羔羊;因为孩子必须通过惹是生非来引起父母的注意和关心。问孩子觉得何时父母最关爱他,答案大都是"生病的时候"。

生气的时候该如何帮助自己?首先,要能接纳自己的情绪。当你不开心时,就告诉自己正处在情绪不佳状态,要接受正在生气的自己;这同时也会产生"自我暗示"效果,暗示自己能处理好这股情绪。

其次是转移情绪。如果被老板责备且不能还嘴、不能闪人时,就偷偷环顾眼睛所及的物品,然后默念出物品的颜色,例如:"地板是灰白色、台灯是蓝色、窗户是乳白色、天花板是淡黄色……"这就类似于产妇阵痛时所运用的拉梅兹呼吸法,利用吸吸吐吐等口诀及呼吸方式,来移转对疼痛的注意力而减轻疼痛感。同样地,透过这种转移焦点的方式来转移负向情绪,既不会伤害对方,也不会让自己变得怒不可遏。

暂停也是一种有效方法——先让自己停下来,想想为何生气?到底自己想要什么?要用什么方法才能达成?并不是说你不能再生气了;如有负面情绪,还是建议找个情绪垃圾桶发泄一下。若你决定不要再生气了,想换个方式解决问题,就可采用这个方式。

生气时,不妨找朋友倾吐委屈和痛苦;若找不到朋友,也可自己听听音乐或出去走走散心。总之,要帮自己找到多元的方式来应对。

"改变时间架构"则能协助我们将生气情绪转化。我用故事来说明如何转化——

小陈存了好多年的钱,好不容易买了生平第一辆梦想已久的车。拿到车的那一刻,他就急着往滨海公路开去,一边徜徉于海天美景,一边享受开车快感。没多久,一阵碰撞声,后面有个冒失鬼追撞上了小陈的爱车。

小陈火冒三丈,正准备下车找那冒失鬼理论;刹那间,前方二十公尺处突然掉下两大块落石,把大家都吓坏了。小陈惊魂甫定,下车走向后面的冒失鬼,一把抓住他的手,连连鞠躬致谢:"还好你撞上了我;不然,现在我和我的爱车恐怕要丧身这两块大石头下了。"

从这则故事,我们不难发现,小陈的情绪在短短两三秒钟

即由负转正,这就是运用了"改变时间架构"的技术。也就是说,当我们处在气头上,觉得就要火山爆发时,可以及时自问:"我十秒后还气不气?十小时后还气不气?十天后呢?十年后呢?"你会发现,当时间点改变之后,事件的意义与情绪张力都可能变得不同了。

常见的例子是:和男友分手后,充满了怨怼与不甘;直到遇到下一任男友,才恍然大悟——正是前一段不愉快的恋情,让自己了解适合怎样的人,以及该如何爱一个人。或许你也曾抱怨爸妈不叫你起床,而害你上学迟到;但是,你以后开始使用闹钟叫自己起床,完全不再依赖爸妈也能早起。时间会改变你对事情的看法,更可贵的是,也许还能帮助你去原谅原本痛恨的人。

亲子游戏治疗技术的运用

和孩子之间的互动没有捷径,只要确实遵守六点原则,保持亲子间沟通顺畅,化解不必要的冲突,就能做好自己和孩子的心灵工程师。

亲子游戏治疗中,有个概念是"当孩子溺水的时候,不要强行教他游泳"。换句话说,应该先等孩子宣泄完情绪后,再做后续的沟通处理。

另一个是"两害相权取其轻"的原则——父母想改变孩子

的习惯,绝不能一味禁止,而是应该让孩子有选择的机会;这个选择当然是父母所希望,但孩子可能不想要的行为。例如,孩子不吃饭就要看电视,父母可让孩子自己决定吃完饭再看,或者吃完一半就可以看。

孩子在评估了这"两害"后,很可能就会选择"取其轻"的行为——吃一半就去看电视。整个改变的过程,你让孩子有决定权,他会有受尊重的感觉;同时,因为是孩子自己的选择,就愿意遵守,父母的目的也达成了。

又如到大卖场,孩子看到琳琅满目的玩具就吵着要买;这时,你可采用"设限"技术。首先,你应该"指出孩子的感受",对他说:"我知道你生气了,因为我不让你买玩具。"孩子才能感觉到你能了解他的感受。接着,再"坚定且温柔地陈述限制及原因",例如玩具太多、太贵、太常买等,所以不能买;并"提供能满足孩子心理需求的替代方案",像是科博馆有提供这样的玩具、可以向表姐借等,让孩子了解不一定要把所有玩具都搬回家。

因此,"指出孩子的感受",加上"坚定且温柔地陈述限制及原因",最后"提供能满足孩子心理需求的替代方案",这样既能有效运用"设限",也规范了孩子的行为。

总之,和孩子之间的互动没有捷径,只要确实遵守下列原则,保持亲子间沟通顺畅,化解不必要的冲突,就能做好自己和孩子的心灵工程师——

第一,照顾自己,做个快乐的父母,莫让孩子成为父母情

绪的代罪羔羊。没有快乐的父母，就难有快乐的孩子。

第二，每天花几分钟专心陪伴孩子，走进他的世界，倾听他的心声，与他谈心。

第三，以同理心感受孩子的心情。在责骂孩子之前，先回想自己当年的心情："当时，我是……""当时，我希望爸妈可以……"

第四，认识多元价值，并当孩子的伯乐。"升学主义"这只猛兽，最常横阻在亲子关系之间搞怪！请试着欣赏孩子读书以外的专长，让他在自己擅长的金字塔中成长，孩子会过得更快乐、更有自信。

第五，适时纾解压力，并协助孩子找出情绪出口。

第六，正向看待孩子。接受他的能力，赞美并肯定他所完成的事，帮助他产生正面能量以应对人生。

加油！一起做自己与孩子的心灵工程师吧！

SMART的亲子教养秘笈

亲子关系与偏差行为

◎黄富源（大学教授）

- 打架闹事的孩子，面对讯问就回呛："你管我！"
- 面对飙车族、暴走族的孩子。
- 孩子对老师产生反感与不悦。
- 上英文课时，孩子用耳塞把耳朵塞住。
- 唉！我能管理别人，却管不了自己的儿子！

谈亲子关系有很多种角度,可从教育观点着手,也可从心理层面出发。本人的研究领域在犯罪学,其中又特别钻研少年犯罪和性犯罪;因此,我的报告将从孩子的偏差行为来探讨亲子关系。当然,这并不意味着我们的孩子都有或者都没有偏差行为。犯罪学指出,犯罪不可能被消灭,犯罪行为一定恒存于社会;既是如此,从预防的观点来探讨孩子的偏差行为,对父母而言就更有其必要性和重要性了。

近年来,由于政治情势不稳定,经济发展也不甚理想,大家普遍过得不太快乐。还记得一九九七年四月,台湾发生了"白晓燕命案";我曾对该案凶手陈进兴进行过研究,也到过台北看守所与他访谈。

在陈进兴小时候,父亲就离他而去了,他跟着母亲与继父共同生活。继父以卖酱菜为生,一大早就得工作;所以,每天早上五点左右,陈进兴就必须起床帮忙。就在大人忙进忙出的同时,陈进兴也在一旁跑来跑去;他解释说:"即使没做什么事,一直跑来跑去,假装很忙的样子,就会让大人觉得你有在帮忙。"

如果一个孩子从小就必须用心机、耍手段来讨好大人,以谋取自己生存的最大利益,他的人格会朝哪个方向发展也就不难推知了。

家庭功能偏差,造成孩子行为偏差

家庭功能比家庭结构来得重要。也就是说,家庭结构完整,但

父母相敬如"冰"、冷漠以对,或相敬如"兵"、争吵不休者,他们的孩子更容易出现偏差及犯罪行为。

大部分的父母都自认相当了解孩子;但根据我们的研究,其实很多父母并不了解孩子。很多父母也自认明白孩子之所以出现偏差行为的原因,但事实证明也不尽然。举例来说,一般认为,成长于破碎家庭的孩子,其出现偏差行为的几率较高;而某些研究的结果确实显示,来自破碎家庭的孩子,其偏差行为比率高出正常家庭的孩子三倍。因此,便有人据以论定:破碎家庭是造成孩子出现偏差行为的原因。

但根据我最近的研究,这同时也是美国学界的研究方式:除了评量家庭结构因素之外,再加入管教态度、亲子关系与家庭气氛等有关家庭功能的变量后,就会发现,造成孩子偏差行为的原因,家庭功能其实比家庭结构来得重要。也就是说,家庭结构破碎但家庭功能健全的孩子,未必会步入歧途;而家庭结构健全,但父母相敬如"冰"、冷漠以对,或相敬如"兵"、争吵不休者,他们的孩子更容易出现偏差及犯罪行为。

不可讳言,社会上仍有许多人执意把造成孩子偏差行为的原因,归咎于家庭结构问题;于是,单亲家庭成为箭靶,承受了许多冤枉的压力;甚至连学校也会特别"照顾""关怀"单亲家庭子女。这其实是令人窒息、承受不起的关爱啊!

观念不正确,就会带着有色眼光看待,给予单亲家庭子女多余的负担。这种偏见亟待澄清,因为,单亲家庭是未来台湾

爸妈别抓狂

社会必然存在的一种家庭形态。我们必须以正常的角度和平常心来对待单亲家庭，给予他们基本的尊重，必要时更给予适当的协助，没有必要再散布"单亲家庭造成社会犯罪"之类的谬论了。

失意挫折后，借飙车获得补偿

飙车青少年在现实生活中，面对种种责难、万般挫折后，车子正是他们展现才华的工具和反抗威权的象征；因此，自然成为他们的最爱。

我在警察大学读书时，曾到少年队实习，遇到一个喜欢打架闹事的孩子；面对所有讯问，他的一贯态度就是回呛："你管我！"言行十分嚣张。一再软言相劝后，才问出他父亲的身份是某政府机关的科长。

在电话中，说明原委后，这位父亲的第一反应是："不可能！"他不相信宝贝儿子会因打架闹事而被抓进少年队。再度确认相关资料后，他的反应仍是"不可能！"最后，只好请他走一趟少年队。

见到孩子后，他的第一个动作就是使劲挥出一巴掌。其实，他的这一巴掌，不见得是为了孩子的违规行为，而是觉得孩子丢尽他的脸——他过于相信自己的管教，也认为自己的孩子不可能"变坏"。

我曾对飙车族、暴走族进行研究，发现他们视爱车如生命。尤其在这个"万般皆下品，唯有读书高"的社会，孩子功课不佳，仿佛就一无是处，得不到赞赏；这些孩子在沮丧之余，只好另求其他表现，而飙车就是他们吸引别人注意、展现才华以获得成就感的方式。于是，他们拼命苦练，大秀令人捏把冷汗的特技。

难道他们不怕死吗？我们发现，他们有讨厌自己的倾向；因为社会排斥他们，连父母亲对他们也没有好口气，常说："干脆死了算了！"但他们天不怕、地不怕，就怕受伤残废而无法再展现飙车英姿，因为他们就只剩下这项才华足以炫耀了。

既然他们飙车是为了吸引别人注意，爱车一定会经过精心改装，尤其特别注重声光和速度。例如：把消音器拿掉，让车子发出轰天声响来引人注目；或更改变速箱；或者把车身漆得光彩酷炫，写上"浪迹天涯"；而且宁愿不吃饭、不睡觉，都一定要把爱车擦得光鲜亮丽……这一切一切，无非是为了借飙车表现自己，以引人瞩目。

在飙车族的心目中，朋友会离开，但爱车不会，是绝不会背叛的朋友；女友会变心，但爱车不会，是永不变心的爱人；爱车更是可以载他到天涯海角，是完全听其使唤的仆人。飙车青少年在现实生活中，面对种种责难、万般挫折后，车子正是他们展现才华的工具和反抗威权的象征；因此，自然成为他们的最爱。

要是有人杠上飙车族的爱车，那简直就是在挑衅他本人，

爸妈别抓狂

他当然要跟那人拼了。日本曾有一名警察取缔飙车少年,不经意踢了他的车一下;结果,少年骑上爱车,疯狂地将那名警察活活撞死。

我们也发现,飙车族通常在周休假日的前一晚——像是星期五晚上,他们就会整晚聚在一起飙车,直到天亮后才回家,蒙头大睡一整天。不可思议的是,在当年的研究中,竟发现有一半以上的父母不知道自己的孩子是飙车族;纵使知道,他们也束手无策,无法和孩子有良好的互动,更遑论妥善地加以处理。

其实,父母只要告诉孩子,你非常注重他在其他方面的优点和特长,但对他的飙车特技一点都不感兴趣,而且十分担心他的安全,让他知道你有多么关心他。另一方面,警察必须加强取缔,使群众不再聚集;让孩子了解,他的飙车行为已经没有群众聚集围观、鼓噪助阵,不值得再继续了。那么,孩子自然会去发展其他特长,而慢慢改变飙车行为。

管教有方法,态度一致很重要

"爸爸扮黑脸,妈妈扮白脸"的管教方式是不正确的。若一方溺爱,一方严厉,孩子长期在标准不一的情况下成长,是非观念容易错乱,人格发展就有问题。

除了提醒天下父母,要多花时间去关心和了解孩子的行为,

也要注意到有许多长久因循下来的管教观念，如"爸爸扮黑脸，妈妈扮白脸"或"不打不成器"等，其实是错误或已经不适合应用于现代社会了。

以俄罗斯生理学家巴甫洛夫（Ivan Petrovich Pavlov）所论述的"制约学习"来谈，他以狗来进行消化腺反射实验——起初，狗看到肉会流口水，但听到铃声并无反应；后来让肉和铃声同时出现时，狗也会流口水；再重复让肉和铃声同时出现，一段时间后，光摇铃铛不给食物，狗照样会流口水，因为它已经受到制约了。

巴甫洛夫的学生克里斯多尼克福（Shenger-Krestovnikova）再将这项实验进一步推拟：在墙上画一个圆圈，让狗学习看到圆圈就叫，然后给它食物作为奖励；狗学会看到圆圈就叫之后，便将圆圈改成椭圆形。起初，狗仍以为那是圆圈而猛叫，这时就拿棍子制止它，让它知道叫错了；后来，狗学会了看到椭圆形就不叫，看到圆圈就叫。再过几天，狗已能够辨识圆圈或椭圆，它看到圆圈就叫，看到椭圆形就不叫了。第四周，在墙上画一个介于正圆和椭圆之间、直径八比九的圆；结果，狗就像发疯似地不断狂吠又流口水。这就是心理学上所称的"实验性精神官能症"（experimental neurosis）。

一九九八年，台北县林口发生一起骇人听闻的命案：林姓凶嫌砍杀双亲一百零九刀致死。有记者问他，杀人后会害怕吗？他竟回答："活人都不怕了，还怕死人！"于是舆论一片挞伐，认为他泯灭人性，罪无可赦。

爸妈别抓狂

但是进一步探讨整起事件的前因后果,发现林氏父母的教育方式大有问题。林母相当溺爱儿子,凡事放任他为所欲为;林父则是管教严厉,时常打他。起初,林嫌为了帮好兄弟付牙医费用而向妈妈要钱;妈妈不答应,他又不敢向爸爸要,于是动了杀机。案发当天,他先杀害妈妈;因为妈妈之前都会给钱,这次却不给而惹恼了他。

细究原因,可说是因为林氏的父母管教标准不一致而造成。妈妈之前很溺爱,但这次却不答应给钱;妈妈的态度前后不一,终于造成孩子人格发展上的错乱。就如同上述那只狗,面对像圆又像椭圆的圆圈时,就出现认知上的错乱而抓狂。

由此推知,"爸爸扮黑脸,妈妈扮白脸"的管教方式是不正确的。若一方溺爱、一方严厉,孩子长期在标准不一的情况下成长,是非观念容易错乱,人格发展就有问题。因此,方法可以有弹性,但父母的态度务必一致。

况且,父母态度若不一致,还会养成孩子投机的性格。拿当兵的例子来说,一个连上如果有魔鬼班长和天使班长,要请假时,当然会去找天使班长。又如我的小女儿很聪明,每次要零用钱就来找我,因为我一定会给。她拿了钱就去买零食吃;几个月后,身材像吹气球般膨胀了起来。太太发觉有异,质问我是不是给孩子钱,并要求我和她的管教方式必须一致。后来,女儿再找我要钱,我一定坚持要先获得妈妈的同意。三个月后,女儿的身材就恢复从前了。

父母的管教态度若不一致,孩子就会瞒着管教严厉的一方,而转向管教宽松的那一方索求;久而久之,就养成了投机取巧的性格。

缺爱的斯巴达管教,易致反社会人格

一个人若成长在暴力和被剥夺爱的环境,就会造就这种反社会人格;一旦人格形成,那就"江山易改,本性难移"了。

再如"不打不成器""棒头出孝子"这类严酷的斯巴达式、缺乏充分的爱的管教方式,容易造成孩子特别乖戾的人格,称为"反社会人格",陈进兴就非常接近这种人格。这样的人不仅道德低能,而且没有同理心和领会情结。

所谓"领会情结",约在三至五岁时发展而成,孩子能感受到父母的爱而开心地笑,父母见孩子笑了就更爱他。一般人都知道投桃报李:你对我好,我也对你好。孩子若不能发展出同理心和领会情结,就根本感受不到别人爱他,你对他再好他也没感觉;而他会对你好,很可能是因为利之所趋。

有个恩将仇报的实际案例——

一九五六年,在新店的军人监狱里有个人犯,因为身形孔武又行为乖张,大家都不喜欢他,对他惧而远之。但有一位狱吏老兵很照顾他,每天都会帮他多准备一颗馒头;冬天时,还会为他多准备一条毯子。令人意想不到,就在一个夜黑风高的晚上,这名人犯找借口将老兵叫到狱房里,用预藏的尖筷子朝

他的眼睛戳下去，然后夺走牢房钥匙逃跑了。

一个人若成长在暴力和被剥夺爱的环境，就会造就这种反社会人格；一旦人格形成，那就"江山易改，本性难移"了。若是与他人的感情互动鲜有交集，不知道也不接受别人对他的爱，更不懂得爱人，他会出现偏差行为甚至犯罪，也就不足为奇了。

暴力不但百害无一利，还可能会产生循环。如果父母的暴力行为被孩子目睹，或小孩亲身经历被虐待的痛苦，他将来对别人同样暴力相向的几率，为正常孩子的三到五倍之多，这就是"暴力循环论"。

另有一种"暴力容许论"——允许合法暴力——认为父母管教孩子时，可以殴打孩子。然而我们发现，这种合法暴力程度愈高的社会，将出现愈高的非法暴力现象。

父母打孩子到底是管教还是虐待，这之间的界线往往很模糊；在动机上，管教是指"善意、宽容而温慰地期待或要求"，而虐待是指"怨恨、敌对而恶意地报复或处罚"（参考六十九页表一：管教与虐待的差别）。所幸目前有《儿童福利法》，藉由法令的规范来保障儿童的基本人权，以确实保护他们能健康成长。

不贴标、不唠叨，给他空间诚实以对

孩子犯错并不可怕，可怕的是父母用激烈的态度来反应，反而吓得孩子不敢说、不愿说；待有一天恶贯满盈，犯罪事实突然

亲子关系与偏差行为

像炸弹那样爆开来，后果才真是难以收拾。

犯罪学上有个"标签理论"，父母、师长要是常骂孩子："你怎么这样坏，你是坏孩子！"孩子起初会自问："我真的有这么坏吗？"若再继续被贴上"坏孩子"的标签后，孩子就会赌气："你说我坏，我就坏给你看！"那这孩子就真的好不了了；因为，一个人很可能会成为别人期待（或诅咒）的那种人。

其实，孩子的偏差行为，有时候是家庭问题与整个社会推波助澜而来的。一个孩子如果从十三四岁或更早就被少年队逮到，也就是愈早进入刑事司法体系，那他可能一生都要与刑事司法结下孽缘了。

我们针对学生殴打老师的案例进行研究后，发现这样的学生多半家庭有问题，但问题老师也大有人在，喜欢唠叨、啰嗦的老师便是其一。例如，学生想请假去看牙医，老师就逼问是哪一颗牙齿痛、到哪一家诊所、几点去看病等；因过度唠叨而让学生产生反感与不悦。

另一种问题老师，是造成学生严重自卑感的老师。我读小学时的一次考试，国文考九十五分，数学考五分，老师竟对全班说："很会考试啊！两科加起来一百分。"初中时，常被某一位老师嘲笑为"头大大又流口水"，老师还说我爸爸一定也是同样德行。这样的冷嘲热讽，我至今仍记忆犹新，可见影响之大。

还有一种问题老师，是肯定体罚为唯一有效教育方式的老师。体罚到底有没有效，仍存在着争议，但我个人绝对反对。

也许,站在第一线的老师会抗议我是在唱高调;他们认为,对于顽劣不堪的学生,不体罚真的很难教。

但我还是要强调"理想不能妥协,教育不能折节"。希望我坚持不体罚的观念,能在父母或老师将要体罚孩子时产生一个警示作用,能与他们想体罚孩子的冲动产生拉锯,这就够了。一个信奉体罚可以解决一切偏差行为的老师,必然不会受到学生的欢迎与喜爱,反倒常引起更多的冲突。老师常说:"爱你,所以体罚你。"结果到了毕业典礼后,学生也说:"我们更爱老师,所以要帮老师'盖布袋'*。"

这三种问题老师常与学生起冲突,而他们的共同特点就是:十分认真。认真乃理所当然,认真的善意应该被肯定;但善意而非专业的辅导与协助,对当事人而言,无疑是另一种难以拒绝的伤害,并且连老师原本的一番美意也会被折损抹杀。除了老师应深自警惕外,为人父母者,也该避免重蹈覆辙,变成问题父母而不自知。不过,在这里要特别说明:大部分的老师都不是如此,我们反对暴力的立场也不会不一致;我们不赞成老师打学生,当然也反对学生对老师有暴力行为。

孩子总难免会犯错,正所谓"人非圣贤,孰能无过"。如果孩子犯了错,父母最好能给彼此留些空间,让孩子愿意把犯错的经过据实以告;父母再协助解决问题,使之不再犯错,这才是重点,何必非要用严厉的言行和态度来反应呢!

---

* 盖布袋:指趁人不备把别人的头蒙起或将人打蒙。——简体字版编者注

亲子关系与偏差行为

父母看待孩子的行为,要先同理,再以耐心导正。有一回,孩子向我借耳塞,我原以为他是游泳时要用;后来才知道,他是用在上英文课时把耳朵塞住。这孩子小时候跟着我到美国读书,他的英文发音比较没问题,因此他认为老师的英文发音很烂。虽然我能理解他的感受,但是我知道不能任其如此发展;于是,我一步步引导他去发现老师的优点。结果他发现"老师的文法很不错"。发现老师的优点后,就不会再那么排斥上英文课了。

其实,孩子犯错并不可怕,可怕的是父母用激烈的态度来反应,反而吓得孩子不敢说、不愿说,待有一天恶贯满盈,犯罪事实突然像炸弹那样爆开来,后果才真是难以收拾。

态度要温和坚定,方式要正向支持

要求孩子做到的事,一定要坚持到底;但要切记,不要让父母的支持力量变成压力。

父母常自认了解孩子,其实不然,有时候反而是孩子更了解父母。孩子知道当他说要去书店看漫画时,父母不会准;于是撒个谎,"我可不可以去同学家做功课?他要教我数学……"父母就会答应。父母的反应在孩子的意料中;他了解父母,父母却不了解他。

管教的动机要把握住"善意、宽容、温慰的期待和要求",

绝不能变成"怨恨、敌对、恶意的报复或处罚"。我要再度强调：人会变成自己所期待的那种人；想要走向堕落、失败之途很容易，想要迈上成功之路，却不是一蹴可就。所以，父母千万不能放弃孩子——要让孩子感受到父母永远支持他，让他相信在成长的路上，父母会在身旁一路相伴，并给予坚定的支持；纵使不成功，也能感受到父母的包容，不必恐惧会遭受太多责罚，这样才能造就出坚忍不拔、有毅力、能自我负责的孩子。

对孩子的要求应"以正向、支持的方式，示范或告知所当为者"，而非"以愤怒、负向方式，施予子女不适当的惩罚"。父母的表情和态度都要把握住"温和、坚定"的原则——表情要温和，态度要坚定——要求孩子做到的事，一定要坚持到底。但切记，不要让父母的支持力量变成压力。

孩子对父母，其实某种程度上包含着"既爱又恨"（ambivalence）。父母提供孩子成长环境，满足其所需，孩子当然又爱又感激；但他们也讨厌父母的多所要求和管教。就像人民对警察也总是既爱又恨一样——警察保护人民身家安全、维护社会秩序；但只要做错一件事，或者进行违规取缔，便要被骂翻天。用"既爱又恨"来形容可能太严重，不过，这种矛盾的感情是确实存在于许多人际关系中的。总之，父母不能因为孩子不高兴就放弃管教，而必须坦然接受孩子这种"既爱又恨"的情愫。

尤其到了青春期，孩子会渴望独立，希望做自己的主人；而为了做自己，往往就用反抗权威的方式来表现。譬如，父母若批评他的朋友，要他停止再和某人交往，他就会反抗，不惜与父母翻脸。

大部分的父母都无法理解：孩子为什么会为了一个才认识三个月的朋友，和养他十几年的父母翻脸？其实，不是父母不如朋友，而是因为交朋友是他可以自己行使的权利；朋友是他的选择，批评他的朋友就等于否定他，他必须适时捍卫。此时，父母应该采取的方式就是"以正向、支持的方式，示范或告诉子女应所当为者"。

父母管教孩子，可能会因为恨铁不成钢而"爱之深，责之切"；但得小心，不要被孩子曲解成吹毛求疵而产生恨意；必须明确掌握住"管教"和"虐待"间的差异，以避免亲子关系变得剑拔弩张。无论如何，父母永远都是比孩子成熟的人，所谓"大人不计小人过"，不必过度与孩子斤斤计较，要正向、宽容地对待孩子。

而为人子女的首要之务就是了解自己；唯有了解自己以后，才可能与别人发展良好的互动，尤其必须了解父母和师长。例如，自己功课不佳，可以请教父母的求学经验；也许当年父母的功课也不怎么样，但可能事业做得很成功，不妨请父母分享其中的宝贵经验。再者，必须学会坚持把事情做好，为自己的行为负责；如果光有父母的关怀、师长的叮咛和朋友的支持，自己却不愿努力，一切仍是徒劳。

还要懂得自我反省，并且不放弃自己。作家李敖说过："人在黑暗中，连影子都抛弃了你。"就是说明反省与不自我放弃的

重要。最后，要能懂得沟通和体谅，才能理解别人对你的善意，不致因一时误解而留下永远的悔恨。

在这个强调个人主义的社会，人们往往自认理直气壮，为争取自身权益而力争到底；但别忘了，在争取的过程中，要保持温柔敦厚的态度，相互尊重；否则，社会上的犯罪问题绝对层出不穷。

预防偏差行为，父母师长要互相配合

孩子的脱轨行为是日积月累、逐渐转变而成，而且常有蛛丝马迹可寻。父母如能及时注意子女的日常言行是否有异，自可防患于未然。

在家里，不妨让孩子参与制定家规，特别是与他们切身相关的管教原则和方式；这当中也表现出了民主的精神与内涵。一个企业要能管理运作成功，就要实施"参与式管理"，让员工参与公司内规的制定。同样，当父母要与孩子约法三章，就得让他们参与制定规则，他们才能确实遵守；这同时是在帮助孩子建立责任感。

孩子的脱轨行为是日积月累、逐渐转变而成，而且常有蛛丝马迹可循；父母如能及时注意子女的日常言行是否有异，自可防患于未然。要预防孩子的偏差行为，可从几项前兆观察着手（参见七十页表二：十项当前青少年不良行为的前兆）——

一、言语表述：若孩子爱说谎话、黑话、脏话，或者言行带着江湖气，父母就有责任去了解这些话的意义。尤其孩子间有属于他们的次文化，也有很多他们爱用的流行语，例如："粉机车"表示很龟毛*、很不上道；"LKK"表示闽南语的"老扣扣"（老古董）；"5201314"表示"我爱你一生一世"之类的。父母若不懂这些新时代流行语，就无法了解孩子的言行意义。

二、穿着和身体外貌：是否有发型怪异、身上刺青或多处外伤的情形？以目前的流行文化而言，刺青也许只是年轻人追求时尚的表现方式之一，不值得大惊小怪。但父母有必要了解孩子在何处刺青，以及刺青内容所代表的意义；倒不是去逼问孩子说出刺青的意义——孩子很可能只是一时兴起，未必能说出个所以然——而是要请教专家，并与老师充分配合，避免产生偏差行为。

三、突然早出晚归或情绪极端不稳定等情形，父母都必须多加留意。

现代青少年常流连网络世界，网络交友及网络色情泛滥是父母极为担心的事。网络交友与色情电话之所以吸引人，是因为你看不到对方，容易因对方的言辞使自己的想象无限膨胀，甚至想入非非。

此时，家长与老师就必须密切配合——让老师了解孩子与家人的互动情形，对老师在管教孩子时能有极大帮助；父母也

---

* 龟毛：台湾地区年轻人的惯用语，意指不干脆、不爽快，对某些小事莫名所以的坚持，而且不被赞赏。——简体字版编者注

爸妈别抓狂

可通过老师了解孩子对父母的观感，帮助父母了解孩子到底在想什么。当然，这需要高明的技巧，老师一定要够专业并尊重孩子，千万别让孩子误会为父母与老师联手对付他，或者让孩子误以为自己被出卖了。

有位将军，每每提起和孩子的互动情形，就要老泪纵横地感叹："我能带两万大军，却管不了自己唯一的儿子！"早年由于必须四处轮调，这位上将并不常与孩子相处；待好不容易安定下来，却一见到孩子就忍不住怒言相向；也许是过惯了军中一板一眼的生活，每次看到孩子衣服没扣好、皮鞋没擦亮就要发火。他常对孩子说："儿子，你给我一分钟。"但儿子心里想的是："最好您连一秒钟都不要给我。"儿子的妈妈从不插手孩子的管教，因为她觉得爸爸已经管得太严了，她再管孩子就要受不了了。其实这位上将自知脾气不好，但他是极爱儿子的，总想把满腔的爱一股脑儿全给孩子；但对孩子而言，这样的爱几乎让人窒息。

这个例子暴露出几个管教问题，第一，管教态度不一致。儿子说："爸爸对我像仇人一样，我恨他！妈妈对我像陌生人一样，我恨她！"儿子把爸爸对他那分恨铁不成钢的爱意，误会成吹毛求疵的挑剔。其次，爸爸没有把握住管教要温和而坚定的原则，所以严格变成了不当的严厉。还有，妈妈想给孩子更大的成长空间，但孩子感受不到，美意成了恶意，是因为沟通技巧不好。

沟通技巧中很重要的一项是多多赞美！我们往往对于愈亲近的人，反而愈忽略了要给予赞美。不但老夫老妻愈要赞美，对孩子也一样，不能一味要求孩子服从，而应该经常赞美孩子能够服从。切记，赞美是人际关系间的最佳润滑剂。

管教子女是父母最甜蜜的负担，唯有亲密和谐的亲子关系、健全的家庭功能，才能避免孩子出现偏差行为，这正是预防孩子步入歧途的护身符啊！

表一　管教与虐待的差别

项目	管教	虐待
动机	善意、宽容而温慰的期待或要求	怨恨、敌对而恶意的报复或处罚
方式	以正向、支持的方式示范或告诉子女应所当为者	以愤怒、负向方式所施予子女的不适当惩罚
态度	鼓励、赞许、支持而恒定一致	冲动、严苛、责罚而反复无常
双方认知	父母与子女均知道行为的结果	父母对子女不给予他们了解父母动机的机会
互动关系	非威胁性的，而是允许双向表达真诚情感的沟通	威吓性的、强制而单方向的威权是压迫
规范的制度	子女可以与父母共同参与制定家规，特别是那些与其切身有关的管教	子女没有共同参与制定家规的机会
对违规行为的定义	任何违规行为有着持续、清晰的定义，和可预见的结果	对于违规行为无持续、清晰的定义，子女无法预见结果
父母对子女遵从家规的反应	子女如果朝着父母所设定的目标或期待的方向努力时，会得到奖赏	父母认为是理所当然的，子女不会因之而得到鼓励

(续表)

项　目	管　教	虐　待
父母对子女不遵从家规的反应	允许子女去练习父母所期待的行为，错误仍有更正的机会	错误受到严苛的处罚，子女因之只感受到苛责，而使其认为自己是一个坏人
造成结果	子女可从中得到成长、学习	纪律内化无效，加深双方的误解、不信任和仇恨

表二　十项当前青少年不良行为的前兆

项　目	说　　明
语　言	爱说谎话、黑话、脏话，以及喜欢说话时带有江湖气
穿　着	太过于时髦、暴露，喜欢擅改衣服
外　观	发型怪异，常有外伤
行　为	较为标新立异，行为诡异不敢让家人知道，经常长时间反锁自己房门而且神色紧张
态　度	易于激怒，情绪极端变化，常与家人赌气或自暴自弃
作　息	早出晚归，常无端数日不归。白天蒙头大睡，夜间外出，去向不交代清楚
物　品	有不良刊物、武器、药物、空胶罐、香烟、酒类，甚至不明巨款或当票
课　业	一下子成绩一落千丈，常迟到早退、逃学，读书时间骤减
交　友	有社会人士的朋友，电话书信量突增，有朋友但不敢介绍给家人
习　惯	有吸烟、喝酒习惯，生活不正常，用钱需求量突增

＊若仅有上述一两项行为特征的青少年，并不见得就不正常；但如果所列举的特征与孩子的行为相似处很多，父母就应特别加以注意，及早防范。

SMART的亲子教养秘笈

了解孩子的注意力问题

◎陈质采（桃园疗养院儿童精神科主任）

- 小朋友老是忘记带联络簿。
- 把美劳用具放在书包旁，孩子还是会忘记带。
- 孩子常在睡觉前才突然想起明天该带什么，偏偏家里又没有那样东西。
- 孩子的作文跑题无组织。
- 做功课总是不专心，但看电视却很专心。
- 孩子又忘了带外套回家。

处于忙碌的生活中,我们总是习惯同时处理很多讯息,于是,注意力不断被各种刺激干扰,鲜少有机会静下来思考和规划事情。久而久之,让心情沉淀下来,似乎变成一件难事,一种奢侈。其实,若心里挂念着别的事物,哪里能够专心于眼前的工作呢?

造成注意力不佳的因素

有些家长反映,孩子上课、做功课总是注意力不集中,但看电视时却很专心。

在日本,有所谓的"手机症":这些人一旦没有手机,就会感到惶惶不安;没有来电铃响时,则会若有所失;他们随时携带手机,且不时掏出检视,深恐漏接任何一通电话;甚至上厕所、洗澡、睡觉,几乎全天候等待着手机铃响……

这样的心思忙碌程度,也可能出现在孩子身上,甚至不亚于大人。课业压力与各类补习,往往使他们每天几乎忙到晚上十一点才能就寝。试想,即便是大人,两个小时的演讲,都难以全程持续专注,更何况每天朝六晚十一的孩子,如此长的上课时数,又如何能维持较佳的注意力呢?

此外,疲倦不仅会影响孩子的注意力,也会影响孩子是否有余裕归纳统整所学。生活中,若孩子的学习讯息一直被切割得片片断断、零零落落,孩子很难有余力整理一天所学。因此,学习的品质与适当规划整合息息相关。例如，上超市购买鸡肉、葡萄、苹果、鱼肉、牛肉；若能加以整理归纳，将之分为肉类三种——鸡肉、牛肉、鱼肉，以及水果两种——葡萄和苹果，这样不是比较好记吗？换句话说，把孩子平日的行程排得满满，不但没有效率，更迫使他们的注意力无法集中。

其实，这类问题颇为严重，因为它所衍生出来的疲倦与挫折，着实影响到孩子的学习动机。所以，谈到注意力与学习的关联性，必须多方考量，无法只审视单一因素；如家庭变故、父母意外或遭逢灾难等因素，都与疲倦一样，可能让孩子的注意力突然变差。

而孩子的年龄、成熟度以及生理状况，也与注意力有密切关联。例如，活泼好动的孩子感冒了，吃过感冒药后可能会变得安静，但这并不表示他的注意力变得更好。所以，无法完全以孩子的活动状况来推估他的注意力品质。

同样地，学习的难度也可能引发注意力的问题。同样的课程，若老师用国语讲授，较能提起注意力；用英语讲授，学生则昏昏欲睡。这是在于课程听得懂，才能引发兴趣，注意力自然会好一些。此外，孩子的能力也影响其学习成效。有些孩子的能力佳，虽然注意力不好，无法表现出该有的程度，但在班上还是可以保持领先；可是能力落后的孩子，若注意力不佳，学习自然跟不上，而显得问题重重。

有些家长反映，孩子上课、做功课总是注意力不集中，但看电视时却很专心。这有两种可能性：首先，孩子的视觉注意

力弥补了听觉注意力的不足。不知现在的孩子是否电视看多了的关系，许多孩子视觉注意力优于听觉注意力。例如看卡通时，孩子可以在完全没有声音，或是完全听不懂的状态下看懂剧情；也就是说，他可以完全关掉听觉系统。相关调查指出：过早把两岁前的幼童暴露在电视机前，可能不利于他的听觉注意力，这一点值得深思。毕竟，以学习来说，上课听讲仍是主要的知识来源管道。

再者，你真能确定孩子很专心吗？他真的专心在了解剧情，还是只是看看而已呢？其实，看电视比阅读更不容易自主地控制注意力。阅读时，你可以决定要在书的哪一页逗留多久，主动控制这项活动的注意力；但看电视的注意力是完全被动的，漏看就漏看了，甚至漏看了也不自觉。有一次我陪孩子看《霍尔的移动城堡》，发觉漏看的比例真不少；当孩子兴奋地说："妈妈！你看那火点在动！"我则老是回答："有吗？"我比较有兴趣于人物的表情及对白，至于其他方面根本不确定漏了多少。

换句话说，电视画面不断在动，以吸引观众的注意力，所以不太容易觉察到自己漏掉什么；这不像打球，因为没打到球，就知道漏接了。更何况，相对于电视跳动的画面，黑板或课本上的字是静止不动的。所以，孩子一旦习惯了看电视，要进入不熟悉的看书、听讲等学习模式时，很难吸引孩子专注。

我个人对于"电视可以帮助孩子学习"这样的观点是持比较保留态度的。当电视和电脑等媒体大量涌入生活后，我们发现孩子的人际互动变差了。举例来说，演讲时，学员回应的表情会告诉我该停下来、继续讲,还是把速度放慢,这就是互动。可是,现在的孩子因为同伴少,很少有机会和别人进行实质的互动,难以了解该如何从互动中去反应和回馈。

还有部分孩子总是动个不停,手眼协调差,耐力又不足。一般人可能有一种错误的迷思,以为注意力不佳的孩子一定运动能力过人;其实不然,运动选手也需要极佳的注意力,例如,桌球选手必须注意到球的落点后才能起拍。球要打得好,仰赖的不只是极佳的手眼协调控制,也包括优良的注意力。

除了上述种种原因,孩子个别的注意力也会因时间、场合而有波动。有些孩子刚开学的时候注意力比较好,因为这时和老师还不熟,警敏度会提高;有些孩子恰好相反,刚开始无法适从,但当老师订好规则与范围后,孩子就能慢慢进入状况了。有些孩子在家里比在学校表现得好,那是因为在家里多半是一对一互动;而学校的各类刺激源远比在家里来得多,孩子较不易专心。

认识"注意力缺陷多动症候群"

根据统计,约每百名小朋友会出现三至七名的多动儿,男孩大约是女孩的二至五倍。

"注意力缺陷多动症候群"(Attention deficit hyperactivity disorder,ADHD)是儿童青少年精神科很普遍的一种症状,俗

称"多动儿"。通常分三种类型:以注意力缺陷为主型、以多动与冲动为主型和混合型。主要症状如下:

一、多动行为:无法安静下来,尤其在需要高度自制力、必须保持安静的情境中特别显著。

二、注意力无法持久、易分心:无法专注在一个活动上,总是做做这个又做做那个,做事容易半途而废。

三、冲动和易激动:缺乏耐心,无法等待;而且从不考虑后果,不计危险,横冲直撞,无法从过去的经验中得到教训。在团体中,经常不守秩序、不排队、无法轮流进行活动,挫折忍受度低,脾气激烈,情绪起伏很大。

四、其他相关症状:除了上述基本特征外,可能还有下列症状——

(一)特殊学习障碍。

(二)人际关系差、自我评价低。

(三)脑波异常。

(四)软性神经症状:如手眼协调差、动作笨拙易摔倒、打破东西、字迹潦草且无法规规矩矩写在格子里。

很多家长带孩子就医,要求立刻评估孩子是不是多动儿,是轻度还是重度。其实,如前所述,影响注意力的因素很多,必须收集许多资料才能评估,无法就当下表现立刻判定。例如,评估时,若正好是孩子的午睡时间,他的警敏度下降,注意力自然不佳;或是孩子很怕看医师,警敏度会增加,注意力表现反而比平时更好。

了解孩子的注意力问题

关于注意力缺陷的诊断，主要分为"不专心"和"多动—冲动"两大项。在排除其他精神疾病的前提下，孩童若在七岁前出现下列一或两大项的行为，同时，其行为比同龄孩童出现得更频繁，持续至少六个月，且在两种以上不同场合（如学校、家庭）皆有类似行为出现，就符合注意力缺陷的诊断。

一、不专心（inattention），下列行为至少出现六项：

◆ 粗心、易忽略细节。

◆ 活动时，注意力难以持续。

◆ 谈话时，常显得不专心。

◆ 无法遵循他人指示完成事情。

◆ 组织能力差。

◆ 抗拒需要持续用脑的工作。

◆ 常掉东西。

◆ 易因外界无关的刺激而分心。

◆ 常忘记例行的活动。

二、多动—冲动（hyperactivity-impulsivity），下列行为至少出现六项：

多动

◆ 常手忙脚乱或扭动不安。

◆ 无法安静坐下来。

◆ 不分场合总是过度地跑或爬。

◆ 很难安静地玩。

- ◆ 总是动个不停。
- ◆ 经常话太多。

冲动

- ◆ 常在别人的问题未说完时就抢答。
- ◆ 轮流时难以等待。
- ◆ 常干扰或冒犯他人。

临床上最常见的是"混合型"。通常，孩子在小学高年级时问题更为明显，因为这阶段的试题变得更长，学童必须持续专注，以进入更多的事物分析。现在的题目活泼且冗长，一则数学运算，甚至会以小说《哈利·波特》人物入题；注意力缺陷的孩子，必须先学会忽略哈利·波特这些不必要的资讯，耐性地读完题目才有办法解题，这对他们来说相当困难。

根据统计，每百名小朋友约会出现三至七名的多动儿，男孩大约是女孩的二至五倍。大部分的多动儿常并发行为、学习及情绪上的障碍；不过，在性别的比较上发现，多动症女孩多数有低智商、活动量差及品行问题，有较多的紧张与抑郁症状。

近年来，我们发现部分注意力有问题的孩子是其他因素使然，譬如癫痫或罹患"亚斯伯格症候群"（广泛性发展障碍症）。通常，"亚斯伯格症候群"患者能按照自己的目的和意志来集中注意力，其困难在于协同注意力表现差。所谓"相互注意协调能力"（Joint Attention），是指在互动上彼此能跟进的程度；例如，我讲到哪，你要能跟上我；你讲到哪，我也能跟上你。这

了解孩子的注意力问题

类孩子有时可以看上一整天书,但无法说给你听;他们的思考有点类似电脑,能很快反应出一加一等于二、二加五等于七之类的,但不太能了解别人的语意。

注意力缺陷多动症的病因很多,包括遗传、脑伤、脑部神经传导物质异常、心理社会因素、铅中毒等;治疗方法都是多管道进行,药物治疗只是其中之一。药物之外的治疗重点,在于协助孩子接受行为治疗、心理治疗及特殊训练,如手眼协调训练、感觉统合训练、注意力训练等各类方式,改善注意力不佳所引发的问题。尤其重要的是,认清究竟要解决什么问题,才能有效追踪治疗。

父母在处理问题与管教上的迷思

对于注意力不佳的孩子而言,父母必须了解"一百分"是相当高的要求,千万不要斤斤计较:为何只考九十七分?

近几年来在门诊,我们花相当多心力协助孩子了解他们的注意力问题。例如,当我告诉孩子:"我待会儿跟爸爸讲完话,才有空听你说话。"对一个不断插话的孩子来说,他能明白我说什么而控制自己想插话的冲动吗?这是有困难的。所以,此时要协助孩子的是,能否有线索可以协助、提醒孩子记得"待会儿"。

通常,当我们说完"待会儿",再继续和他人谈话时,孩子

没多久就会开始插话。第一次我们可能忽略他的行为不予反应,于是第二次他更大声,然后第三次、第四次;接着,我们就会再提醒他,他安静了几秒,然后又开始吵……这种处理方式的控制能力,其实是落在爸妈身上,爸妈必须不断地提醒。若场景转换到课堂上,孩子将会面临更大的困难,因为老师不可能一再提醒;只要一提醒,所有孩子的注意力全部转到这个孩子身上,课程也会被打断而无法继续。

在此状况下,应该明确地提供孩子一个准则或线索,让他能注意并控制冲动,或学习到即使冲动插话也无效的经验。周而复始,孩子就能学习到掌控自己的行为以配合规范,而不是由旁人一直提醒:"我不是告诉你待会儿吗?你没看到我在说话吗?"所以,若能提供等待的时间,如五分钟或长针将指到的数字,且只在这时间之后回应,孩子就能更具体感受到"待会儿"这个概念了。

社会形态改变,孩子鲜少有机会和同伴一起玩;即使一起玩,总是各唱各的调,吵成一团。其实,帮助孩子学会观察"何时讲话有效"很重要;正如我们去找长官谈话,一定会在长官有空时。遗憾的是,我们不但从未给孩子这样的学习机会,还常花很多力气不断口头告诫,甚至怒吼,这些都在混淆孩子的注意力。

像这类无效的管教,可说是俯拾皆是。例如,有些孩子趴在桌上写功课,妈妈认为姿势不对就不断纠正他,这等于是打断孩子写功课。如果半小时之内,提醒孩子端正姿势三十次,只会让他每分钟都分心;而且,当孩子离开妈妈的视线后,还是会还原错误的姿势。与其如此,又何必不断提醒,然后不断生气,让孩子觉得很不耐烦呢?

有些父母很计较孩子的考试分数,以为考高分才表示优秀;其实,训练孩子了解自己的能力,同时能明白分数所代表的意义,这才是重点。若孩子自认可以考到九十分,结果只考了七十分,父母得协助孩子知道为什么会有这样的落差,并帮助他学习。换句话说,分数其中的一个意义,是显露孩子的学习问题;可能孩子是尚未完全理解或概念不对,或者只是死背而不理解,时间久了自然就会记不得。

对于注意力不佳的孩子而言,父母必须了解"一百分"是相当高的要求,千万不要斤斤计较:为何只考九十七分?如此过度在意分数,只会增加孩子的挫败感,甚至很可能逼得孩子将考卷藏起来或涂改分数,而衍生出更大的问题——说谎;这只会让父母更生气,而且无法激发孩子的学习动力。当然,也不是说完全不必计较分数,而是希望父母多多鼓励孩子的学习动机,没有必要在孩子考一百分时就给钱、给奖励,低于一百分就处罚。

动机,是影响学习注意力的原因之一。如果父母一直让孩子觉得自己很差,孩子就容易放弃学习;因此,必须改善鼓励的方式,让孩子感觉有成功的机会,才能引发孩子更积极地学习,更主动进入学习状态。目前,台湾的大学录取率接近百分之百,人人皆有机会进入大学就读;在这种情况下,父母更应

该长远地设想,让孩子愿意学、持续学才是重点。

况且,每个孩子的资质条件不同,有些人学习速度较慢,常有跟不上的现象;与其花时间骂孩子什么都不会,不如将时间用在了解为什么孩子学不会,然后帮他找出学习策略。孩子的学习问题可能在于抓不到题目的提示,尤其是注意力不佳的孩子不会解数学题,也许是因为他根本不清楚算式是直式还是横式;有的孩子甚至会受到醒目插图的影响,而无法注意题目的意思;或因为找不出插图与题目的关联性而不知所措。此时,不妨把解题的背景单纯化。

一般人都能选择该注意的事物,并忽略外界无关的刺激,而专注在重要的事物上。例如,听老师上课,脑部就会发挥功能,自动过滤周遭的咳嗽声、风扇或冷气声、外面的走动声、飞机飞过的声音等;但有注意力缺陷的孩子,往往无法自动过滤这些干扰,所以上课老是不专心。面对这样的孩子,就要让他知道事项的优先顺序——上课时,老师的讲话声优先于其他声音。

其次是分析。当孩子阅读完题目,他必须能够保留部分短暂的记忆,以提供进一步分析。例如,听完"是谁偷了蛇的蛋"这则故事后,孩子的脑中必须能够掌握住"偷""蛇""蛋"这三个关键词,还要能分辨出主词和受词,才能清楚掌握住故事的完整意涵。分析之后,孩子还要能分辨出重点。例如,跟孩子讲述成语故事"愚公移山",孩子虽能把故事转述一遍,但可能仍无法了解这句成语的含义,需要父母或老师提示重点。

生活作息状况不佳，是注意力缺陷的孩子常见的另一问题；通常，这类孩子会睡得不安稳，醒着时又不够清醒。常会发现他们无法安安静静写功课，没多久就想睡，于是必须不断活动以维持清醒度；若孩子忙到十一点多才入睡，第二天不仅起不来，上学时更是昏昏沉沉，甚至上课时补眠，形成恶性循环。建议父母最好让孩子十点前上床，把灯光调暗或关灯来帮助孩子入眠；白天则应该拉开所有窗帘，让光线充足，孩子才能维持清醒，投入更多注意力。

在此特别强调的是，让每天都是新的开始吧！父母千万不要跟孩子算旧账，否则会没完没了。积分换奖品的方式，不全然是奖励孩子的最好方法；一来，孩子通常没有很大的耐性；二来，得到奖品后可能又故态复萌。父母不妨采取让孩子当天完成目标行为，当天就能进行喜欢的活动作为奖励。不过，游戏规则得订清楚，半小时就是半小时，父母切勿心情好就让孩子多玩一些，心情不好就少玩一点，这样孩子才能接受规范。

帮助孩子找出解决策略

与其不断追问孩子为什么，迫使他们不断找理由，学会各种借口，又惹人生气，倒不如把心思放在设想如何解决问题，并提供策略。

父母还常花很多力气，要孩子说出"为何做不到"的理由；

其实,很可能孩子根本不知道原因是什么,但又非得给一个说法不可,孩子只好瞎掰借口。曾有孩子说,他根本不知道怎么回答妈妈的问题,因为,回答了,妈妈说他在找借口;若不回答,妈妈又很生气,说他完全不理不睬。总之,这是一个非常无效的管教方式。父母应该帮助孩子去察觉,在何种状况下他会比较专心,例如累了就洗把脸、在某个地方念书、用荧光笔标记重点等;找到方法后,让孩子自己去应用这些提升注意力的策略。

我曾问过一位小朋友为何老是忘记带联络簿;发现他抄完联络簿后,总是将本子和其他课本一起塞进教室后方的书柜里,就忘记带回家了。我提供这孩子一个策略:联络簿只可以放在两个地方——交给老师或放进书包,绝对不可放在任何柜子里;此后,忘记带联络簿的情形就减少很多。对于这类孩子,若只问"为什么",孩子很容易本能地回答:"忘了。"这是事实,但父母可能很不满意这样的回答而生气。与其如此,倒不如提供"记住"的策略,方能有效地引导孩子解决问题。

此外,有位妈妈抱怨即使把美劳用具放在书包旁,孩子还是会忘记带。其实,这并不是妈妈的问题,应该与孩子一起讨论解决的方法。例如,将美劳用具和书包绑在一起,或是直接装进书包里。若是需要携带游泳用具,则帮助孩子从上往下,确定要带泳帽、泳镜、泳衣、拖鞋和毛巾等五样物品,然后一一检查齐全;这样一来,孩子的整体表现就会好很多。

另一种方式是,教导孩子借助线索或可使用的资源来提醒

了解孩子的注意力问题

自己。例如,下雨天进入室内,可将雨伞放在自己一定会经过的伞桶里,离开时就比较能记住拿伞;或者请友人协助相互提醒。这些都可以应用在班级中,如有些孩子老是忘了蒸便当,只要请同学相互提醒:"蒸便当喽!"就可以改善了;当然,也可以贴一张便条纸在桌上,注明"记得蒸便当"。运用这些策略的重点在于:让孩子学会自我指示,而不是样样仰赖大人提醒。

又如孩子考不好时,若只是质问:"你为什么考这么差?"得到的答案往往是:"不知道。"如果父母察觉孩子的问题是粗心而起,可以教导孩子一些实质的检查策略;练习数次后,他就知道该怎么做了。否则,孩子只会理直气壮地回答:"我就是粗心啊!"仍然解决不了粗心的问题。因此,与其不断追问孩子为什么,迫使他们不断找理由,学会各种借口,又惹人生气,倒不如把心思放在设想如何解决问题,并提供策略。

再举个处理冲动的策略。曾有一位护理人员问我,有什么好方法可以解决她因无法控制买衣服的冲动,而把信用卡刷爆的问题。我建议她试试这个方法:第一,找同事一起逛街买衣服,若没人陪就不去逛;第二,如果同事表示这衣服不值得买,就不要买。唯有具备这两项条件才能去刷卡。两个月后,她说刷卡的情形大幅改善,因为总是为了要不要买衣服而吵,所以找不到人陪她上街买衣服。

无论如何,这位护理人员找到了踩刹车的方法,通过规范使她的问题获得改善。同样地,我们也可以运用类似的策略来帮助孩子解决问题。下面是一些常见的处理策略与原则。

一、针对"不专心"的处理策略

◆ 隔离的工作角落:考虑在独立作业时戴上耳塞、耳机。

◆ 唤醒孩童自我觉察的注意力。

◆ 帮助孩子过滤该注意的焦点。

◆ 简洁、明确的指示。

◆ 帮孩子区隔问题。

◆ 把作业分成许多小段,研拟作业计划表。

◆ 学习的方式须具体且步骤化。

◆ 给予孩子充裕的时间。

◆ 奖励每项小进步。

二、针对"过动—冲动"的处理策略

◆ 安排契合儿童能力的活动。

◆ 避开会引发儿童不当行为的状况。

◆ 使用清楚、明确、易了解的纪律规则。

◆ 帮孩子建立有规律的生活作息。

◆ 提醒孩子:停→想→做。

◆ 和孩子一起讨论订定行为的准则及奖赏标准。

◆ 孩子唐突的行为若不影响其他孩子的学习,可以忽略;若行为已干扰活动的进行,则必须中断其活动。

让孩子学习规划与组织

注意力有缺陷的孩子除了注意力不足之外,组织能力、时间感

了解孩子的注意力问题

都不佳,应该协助孩子先做规划。

一直以来,教养方式上最普遍的问题是:头痛医头、脚痛医脚,缺少整体性地探讨问题的全貌。

注意力有缺陷的孩子除了注意力不足之外,组织能力也不佳。有一次,一群孩子画毕业海报,其中一名孩子兴冲冲地跟我聊天时,突然说他忘了些什么;但我还没来得及反应,孩子一转身就不见了;另一名孩子也是跑来跑去,停不下来。他们是属于较冲动且注意力不佳的孩子。于是,我教他们先做规划:先构思草图,再讨论要画哪些东西、用哪些颜色、写哪些字等,决定之后把所需用具一一写下来,然后再出去一次买齐。

有时候,孩子会在睡觉前才突然想起明天该带什么;如果学校附近的文具店一早就开门,那就没问题,但这终究不是根本解决之道。如果父母下班回家后,能和孩子一起思考明天该带的美劳用具或其他用品,然后趁晚餐后一起出去采买,就有机会让孩子学习一起规划生活。

此外,由于孩子的觉察能力不够,最好一次只处理一个议题。有些孩子连一边听课一边抄笔记,都无法同时进行;此时应该先停下来,让孩子先记好重点再继续讲课,过程中应避免批判而引发无谓的情绪。例如,当孩子的作文写道:"城老鼠到乡老鼠家,你们东西都这么难吃吗?城老鼠请乡老鼠到他家……"你一定觉得读起来很不通顺,不知道这故事在讲什么。现在,我们来协助这孩子把文章叙述得更完整。不妨把焦点集中

在引导孩子依事件顺序来思考。例如,城老鼠到乡老鼠家,首先出现什么动作?孩子回答:"乡老鼠把门打开。"知道东西难吃,那就表示已经吃过,所以有抓东西吃的动作等。

如此,一点一滴依序拼凑出的完整情节就是:"城市老鼠到乡下老鼠家,乡下老鼠把门打开,请城市老鼠进去吃东西。吃过后,城市老鼠问乡下老鼠:'你的东西都这么难吃吗?'于是,城市老鼠请乡下老鼠到他家去……"

注意力差的孩子,其时间感通常也不佳;但仍可利用策略建立孩子的时间感,让他在生活中某个时间做固定的事,以养成规律性的习惯。例如,我家老二没有注意力的问题,但比较不规律;所以,我选定晚上十点倒完垃圾后,孩子就该刷牙上床睡觉。我送他一支手表,将倒垃圾的时间设定为提醒闹铃;每当倒垃圾时间一到,他的表就会哔哔哔响,我们就一起去倒垃圾。回程中,我们喜欢一边喝着柠檬红茶,一路聊着学校的趣事;这是一天中最快乐的时光,也让孩子形成习惯。有一回我们到国外玩,十点一到,他的表又哔哔响,他还以为倒垃圾时间到了呢!

又如有些孩子显得非常忙,却又说不出到底要忙什么。这时,可要求他在拿东西以前先坐好,再清楚说明要什么。例如吃布丁,要坐下来说:"我要吃布丁。"即使已经先拿了布丁,也必须要求他坐好再说一遍。这样的目的是在训练孩子先思考再行动;因为这些孩子太冲动,必须先教会踩刹车的能力。

曾有家长抱怨,孩子就是不愿意关掉电视,只要一关电视就大吵大闹;这种情况,是否该让孩子进行治疗?我的建议是,那就关掉电视，让他哭完再说。别以为治疗人员都是神仙，可以让孩子乖乖听话，其实不然；只是，专业人员会耐心在一旁"等待"，了解孩子的情绪走向。

有时候，我们对孩子的要求实在太多了，比如：既希望孩子能主动关掉电视，又能成熟到不哭泣；这对孩子来说，实在很难，父母何必强人所难呢？既然孩子想哭，就让他哭好了。有时候，孩子难免会用哭闹来测试父母的底限；此时绝不能软化。当然，在这种时候，也应该避免在一旁碎碎念（即唠唠叨叨），那只会愈发激怒孩子；更不要再责怪孩子态度不好、不守信用等。

处理问题时，所有参与人员都要清楚明白——究竟要先解决哪一个问题；不然会发现，治疗人员、父母及老师都很努力，但大家想解决的问题却不一样。

提升孩子注意力的教养技巧

与孩子沟通时，应尽量避免激起孩子的防卫。这也是在日常生活中常见的沟通困境。

孩子有注意力不佳的问题时，父母的处理态度和技巧，着实有相当大的影响。下列七项是教养注意力缺陷、多动孩子常见的处理原则。

一、目标明确，一次只处理一个问题行为

对于注意力不佳的孩子，是很难要求他同时注意很多事情

的；因此，所订的规则应该简洁、清楚、明确、易理解。例如，功课在八点前做完，可以看电视半小时；考试达九十分，可以看电视半小时等。还要同时确定孩子已经了解违规的后果；例如，没做完功课就不能看电视，以训练孩子的规律性和时间感。

这些规则必须合理，才能持之以恒地执行，并且养成良好习惯；必要时，可把规则张贴在明显的地方加以提醒。

二、一次只给一个指令

指令应简短、清楚、明确、步骤化，避免进入非必要的细节，并确定孩子已经了解。例如，要训练孩子在一定时间内做完功课，就先别管字写得漂不漂亮，只要写正确即可。

又如规定孩子每天弹琴五遍，目标很清楚是"弹琴五遍"；即使孩子不耐烦、不愿意、态度不佳，只要依照约定完成就该给他鼓励。要特别注意的是，千万不要设定成"弹到没有错为止"；这会让孩子认为，反正怎么做都无法达到标准。

当孩子弹完五遍，即使是气冲冲地弹完，也应该针对他的配合度加以鼓励。这时，原本心不甘、情不愿的孩子，态度就会变得比较缓和。让孩子知道大人"言出必行，不索求无度"很重要，五遍就是五遍，孩子就比较能配合。教养的重点在于：规律地进行这些规范，并且信守承诺，以取得彼此的信任。

一段时日后，再慢慢和孩子沟通练习的质量和成效；换句话说，一次一次慢慢地把孩子带到预定的目标。若一开始就跟孩子起冲突，可能亲子双方就只能争吵不休，没完没了。

三、设定的标准要符合孩子的能力

如果标准过高,孩子难以达成,很可能努力三天后就放弃了。如果孩子不喜欢规定,不妨换个方式,例如将背英文改成看英文;虽然背比较快看到成效,但看久了一样可达到学习的效果。

四、做好预防性措施

让孩子了解你的期待,并教导他表现良好行为的技巧;同时,事先打造出合适的环境,以避免可能出现的不当行为。例如,希望孩子将脱下的外套挂好,就必须在房间或浴室做好挂衣服的设计;希望孩子整理书本文具,就必须准备好收纳空间和用具等;带孩子出席社交场合时,让他自备一本书,并估计多少时间可以看完,就比较不会出现过度好动的情形。这些预防性措施,虽未必能解决孩子的注意力问题,但可帮助他减少许多冲突产生,改善亲子关系。

五、避免过度纠正

我们常犯的错误是,孩子钢琴弹错一遍,就罚他弹二十遍;字写错,就罚写两百遍。当孩子被过度处罚时,学习兴趣自然降低,最后索性不做了。

六、处理当下情绪

当孩子情绪很火爆时,先暂停吧!有个孩子只要一生气,就噼里啪啦地开始诅咒父母,这是他生气的表现方式。其实,父母可以教他:"骂那么多很累,只要告诉妈妈你很生气就行了。"有些人的生气方式是激怒对方;若双方都不肯退让,情绪

爸妈别抓狂

停留在怒气中,甚至会因为一再被激怒而说出不该说的话。这时,父母和孩子都可以学习一些合宜的处理方式。例如,以信号灯颜色来代表及觉察自己当下的情绪状况:红灯时宜冷静,要踩刹车,克制冲动;黄灯时,再了解问题所在,思考可能的解决办法及产生的后果;而绿灯,则是对于引发情绪的行为,选择一种解决办法,付诸实行。

由于专业的训练,我一直觉得自己的情绪相当稳定,平时也利用陪孩子上学的空档,轻松地和他们聊天。不过,有一次看完夜诊回到家,时间已经有点晚了,看到老二还没睡,叫又不听;不知为何无名火就上身,生气地要他隔天自己走路去上学。第二天早上,看到他自己穿好衣服准备出门,我一时搞不清楚状况,还问我女儿:"弟弟怎么了?"女儿才说是我要弟弟自己上学去。

情绪处于愤怒时,很容易不小心说出过当的话。曾有妈妈气得对孩子说:"那你就不要给我回来!"结果孩子就真的背了书包走出去,妈妈这才担心地赶紧制止。但这一来一往,便失去规范的力量,日后更不容易管教孩子了。为避免说出一时的气话,必须及时踩刹车,双方各自退开冷静;待情绪平息后,再讨论如何解决问题。例如,孩子又忘了带外套回家,如果生气地教训他,他也会很生气;因为孩子觉得又不是他的错,是同学拿走了。这时应该先冷静一下,隔天再明确地教导他,不妨写张字条来提醒自己带外套回家。总之,目的在于帮助孩子解决问题。如果事先已有约定,忘记带外套就不能看卡通,那么,即使孩子生气了,父母仍必须贯彻执行这个约定。

与孩子沟通时,应尽量避免激起孩子的防卫。这也是在日常生活中常见的沟通困境。例如,对方迟到了,若劈头就问:"你为什么迟到?"对方越解释,另一方通常就越火大。不妨换个方式说:"我告诉你,我好累喔!我在这边等了好久……"对方通常就会表示歉意了。有一次,女儿也曾对我的重复要求感到厌烦而生气;我跟她说,如果她觉得我说太多次了,可以告诉我,并说好何时会做到,我就保证不再说了。换句话说,我们要趁还没生气时,就把规则订好。

曾经有个孩子被迫前来看诊;他正在气头上,每一句话都在骂人,还直说看心理医生没用。我向他表明,我自认自己对有些青少年还是很有帮助,但很遗憾帮不了他的忙;若他觉得不喜欢,可以找其他心理医生,只要适合、能解决他的问题就好;如果没找到,又觉得我还可以帮些忙,可以再跟我联络。说完,他竟伸手接过我的门诊时间及联络方式。我想,若一开始用质问的态度,很可能马上就引发冲突了。

说出自己的感受,要比直接指责对方有效多了。如果直接指责孩子:"你为什么那么粗心!"孩子的第一反应一定是:"我哪有?"马上激起他的防卫和愤怒。所以,抑制冲突的第一道防线是,让自己的反应变慢,不要马上生气。第二,退到一旁,告诉孩子你累了,需要休息。这时孩子也会态度软化,因为妈妈累了,需要休息。待情绪平复后,再明确讨论出解决

方案。

七、安排特别共处时光，宁可每天花半小时全心全意陪伴孩子，也不要等到孩子出问题

我们家从不看电视，但我会陪孩子一起看 DVD，或到电影院看电影。我喜欢和孩子一起专心做一件事；看 DVD 前，孩子学会了说："大家都准备好了吗？我们要开始看了哟！"然后专心享受共处的时光。父母可以观察孩子的喜好，适时进行讨论，而不是边看电视边做其他事。

另一个共处的好处是，让孩子的欢乐时光中有你的相伴，而不是全部来自电脑，甚至，与父母的互动尽是挨骂。其实，只要能跟孩子培养出良好的关系，让他在意你的存在，他们自然而然会收敛起让你不悦的行为呀！

SMART的亲子教养秘笈

在亲子关系中重现微笑
——谈父母的压力调适

◎黄龙杰（临床心理师）

- 想寻求心理协助的人该怎么办？
- 孩子面临大考时，产生拉肚子、睡不好、脾气暴躁等生理与心理反应，并随之出现易怒、顶嘴等行为反应。
- 上大学的孩子，早上九点要上课，九点十分还在家里看报纸。
- 女儿突然变得不太友善，不跟爸妈打招呼，老是自顾自地看电视。
- 孩子每天睡到八九点才起床，起床后从不出房门，就开始玩电脑。

有位小姐因部门主管换人而一时无法适应,下班回到家后又必须照顾两名幼子,双重压力导致心力交瘁;晚上常辗转反侧,连续失眠。

她之前看过《心灵捕手》、《美丽境界》等电影,对心理咨询有点概念。在她的认知中,心理咨询室的气氛和谐温暖,会有张舒服的沙发让患者放松心情;医师会耐心十足地倾听患者诉苦,了解其烦恼和不适;甚至会回溯到患者小时候,试图找出长期隐藏在心底深处的创伤,以解开目前的困境。

这位小姐便带着这样的美好想象来到医院的精神科挂号,想请医师帮忙找出她无法与新主管和谐相处的原因。

等候了一个小时,终于轮到这位小姐了。走进诊间,映入眼帘的是医师正专注地打着他面前的电脑。一见到医师,她便迫不及待地将满腹辛酸一吐为快:"我晚上都睡不好,所以白天精神不济,又有两个孩子在吵……"絮絮叨叨了三分钟后,医师开口了:"我把药开好了,你可以去拿药了。"小姐一惊,不禁纳闷:怎么跟电影演的不一样?急忙说:"医师,可是我话还没说完……""没关系,你要说的我都知道。"医师不疾不徐、胸有成竹地回答,并再次要她快去拿药。

医师从头到尾只抬头迅速看了这小姐一眼,就又盯着电脑敲着键盘。这可把她气炸了,索性连药都不拿就走人。

苦闷、压力大,先找心理师

心理遇到困难时,不要坐困愁城,要积极寻求外援,并善用精神科医师和心理师分工合作的资源。

现代人压力大,尤其职业妇女要兼顾工作与家庭,可谓"蜡烛两头烧";因此,很多人都有精神官能症的困扰,最轻微也最常见的症状就是——失眠。

在台湾,到医院的精神科或身心科去看诊,医师的门诊时间理论上是三小时,例如从早上九点到十二点;但是,大部分医师都会看到下午一两点,因为病人实在太多看不完。以前没有合理门诊量限制时,曾有医师看诊到二百号。

试想,必须连续工作这么长的时间,每位病人能分配到的时间相当有限;在此情形下,医师其实也很焦虑——焦虑他的病人看不完。因此,很遗憾地,大部分的医师目前只能做到诊断和用药两件核心工作,而没有太多时间倾听病人的痛苦。

那么,想寻求心理协助的人该怎么办?如果是学生,可以向学校的咨询或辅导中心求助;如果是一般民众,不妨先洽询各县市的"社区心理卫生中心"或"健康服务中心(卫生所)",可望获得免费或平价的服务。若是到医院的精神科或身心科门诊,也可请医师开立转介单,再和临床心理师进行每次五十分钟的深度会谈。

比较遗憾的是,医师通常不会主动告知可与临床心理师会谈的信息,原因出在成本问题——健保(健康保险)给付偏低。医师看一次门诊只要三五分钟,就可赚取诊疗费,算是"大量生产";但是,心理师就属于"手工制造"——实行一对一方式。

工作五十分钟后,能替医院向健保局申请到的费用相当低;从前为五百元左右,近年则缩水到三百多元。心理师和医师一样,要经过七年以上的专业养成教育,收入却比一小时要价八百元的按摩师还不如。所以心理师常会半开玩笑地感叹,不如帮病人按摩脚底算了。

总之,医师可能不会主动告知病人可转介给心理师作咨询,而必须由病人主动要求。但是,现在医院里的心理师为数很少,恐怕约诊的时间会等很久;如果病情严重,可能远水救不了近火。于是,有些患者干脆求诊需自费的私人诊所或心理咨询(治疗)所。

事实上,台北市各社区的"健康服务中心"(卫生所)目前都有心理师驻诊,只要打电话去预约,就可享有和医院一样的心理咨询服务;虽然每次只有半小时,但费用只要五十元。相对于私人开业的要价,这项福音对一般收入者来说,可说是雪中送炭。也期待日后这样的资源能平均分配到台湾各地,让人人都能享受到这项便民措施。

如果是抑郁症等较严重的病情,需要医师开药治疗,就不妨双管齐下:一方面在医院拿药,一方面与社区的心理师作咨询。总之,遇到困难时,不要坐困愁城,要积极寻求外援,并善用精神科(身心科)医师和心理师分工合作的资源。

良好亲子互动,从压力调适开始

若家中有人生病、家人间相处不愉快,或者成为卡奴而身陷卡债,种种压力都会造成我们生理、心理、行为三方面的反应;而且,这三种反应总会连锁出现,影响到我们的健康。

在亲子讲座的会场,常见父母——尤其是妈妈——以及师长,也承受着与孩子互动过程中所产生的压力,而压力正和我们的健康息息相关。要关心家人和自己的健康,就不得不正视压力调适问题。

我是一名心理师,专长就在压力调适。多年来一直从事第一线的咨询和教育工作,看到很多由于压力所引起的个案,很值得提供给大家当作生活上的借鉴;同时也给予一些实用的资讯,帮助大家促进亲子互动的良性循环,促进我们的身心健康。

世界卫生组织(World Health Organization,WHO)指出,我们的身心健康应该同时包含三方面,第一是身体的健康(physical well-being)——肉体的健康,即要结实健壮、耳聪目明;第二是心理的健康(mental well-being),也叫心智的健康,是指我们的情绪、思考,以及碰到外界事物时的反应;第三是社会的健康(social well-being),亦即人际关系的健康,如每天晚上与家人、孩子相处是否愉快,上班时与上司、下属合作是否顺利。若无法与别人和谐相处、互助合作,反而处在尔虞我诈、钩心斗角中,心情铁定不佳,就会连带造成身体不适。这三项健康状态必须同时看待。

提到健康,就不得不提到压力。若家中有人生病、家人间经常冲突,或者成为卡奴而身陷卡债,种种压力都会造成我们生理、心理、行为三方面的反应；而且，这三种反应总会连锁出现，影响到我们的健康。图一为 Barbara S. Dohrenwend 于一九七八年所提出的压力与反应理论。

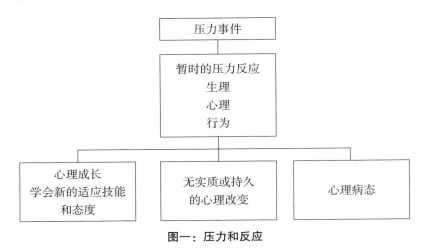

图一：压力和反应

压力和反应

人生不可能完全没有压力，出现反应实属人之常情；我们较在意的是结局——能否事过境迁，危机解除，恢复正常。

孩子面临大考时，可能会产生拉肚子、睡不好、脾气暴躁等生理与心理反应，并随之出现易怒、顶嘴等行为反应。

家长同样也会常感不耐烦和气愤，忍不住催促孩子快去读书、不断碎碎念等。生理和心理反应后常会紧接着出现行为反应，如上述的顶嘴、叨念等。

若行为失控,就会影响家庭气氛,恶化和家人的人际关系;再处理不当,甚且会将这些负面情绪带到学校与职场,波及与同侪间的人际关系。

由此我们发现,生理、心理、行为这三种压力反应,和上述世卫组织所指出的身体、心理、社会三种健康,颇有相似之处。

在心理反应方面,又可细分成两类,一类跟 EQ(情商)有关,就是我们的情绪反应;另一类跟 IQ(智商)有关,是指认知的能力。我们并发现,EQ 会影响 IQ。

相信大家都有这样的经验:小时候,老师或爸妈要我们背书,明明私底下背得滚瓜烂熟,一旦要正式背时,却紧张得脑中一片空白,完全想不起来;这就是 EQ 影响了 IQ,使得表现失常。但也有人的神经较大条,属于狗急跳墙型,平时迷迷糊糊,事到临头时却总能急中生智,表现得特别神勇。例如,曾经旅日的张志家,只要一站上万人的大球场,就显得人来疯,表现特别优异。

每个人的自律神经敏感度不同。有些人天性较害羞,一紧张就心跳加速、血压上升、浑身颤抖、冷汗直流;从中医或许多民俗疗法的观点,也可以发现许多压力所造成的生理反应,如火气大、嘴破、长痘痘、口臭、口干舌燥等。也有些人虽然这儿酸那儿痛,但并没有细菌感染,也没有身体外伤,更找不到任何病兆;其实,这是一般所称的心身反应,或称"身心症状",亦即受到压力后身心所产生的症状。

爸妈别抓狂

人生不可能完全没有压力,出现反应实属人之常情;我们较在意的是结局——能否事过境迁,危机解除,恢复正常。许多小朋友考完试后,如果不是考得太差、没被骂得太惨,就能松一口气,立刻跑出去玩;同样地,孩子考得不坏,家长就自然解除紧张状态。

从压力中成长

以前碰到问题时,只会用一把钥匙搜寻解答;但现在会试着使用第二把钥匙,这就是成长。

有些事情能够船过水无痕,不再困扰我们;但有些事就会在心里留下影响,我们或可藉以获得成长。

何谓心理成长?暂且搁置心理学上的严肃定义,以生活口语来说,就是懂得用不同的方式来处理问题。以前碰到问题时,只会用一把钥匙开启解答;但现在聪明些,会试着用第二把钥匙。此外,以前碰到要上台就紧张得心生抗拒;当上主管后,因被迫要常上台讲话,一回生,二回熟,就磨练出勇气了。还有一种是完全从正面的角度去看待困难——凡遇到挫折时,就将其视为上天的考验,是要我们去完成的人生功课。

诈骗电话现在极为猖獗,为人父母最怕接到孩子被绑架的诈骗电话了。据说,有对父母接到歹徒的电话,声称他们的宝贝女儿在他手上,要挟他们立刻付出三十万赎款,还让他们听电话那头传来的求救哀嚎声。这对父母紧张得不得了,马上到住家附近的自动提款机,按指示悉数把钱汇出去。七手八脚完成任务后,两人惊魂甫定地对望,才发现事有蹊跷:因为,他们只有三个宝贝儿子,并没有女儿。

这也许是笑话一则,但这故事告诉我们:人一紧张害怕,可能就变笨了。我相信,以后再接到这种电话,他们一定不会再上当;所谓"上一次当,学一次乖",再笨的人也会从中获得心理成长。

认识精神官能症

现代人在压力下所呈现出来的通常是烦恼,不断地烦这烦那,大部分是属于较轻微的精神官能症。

最令我们担心的,是由于压力和打击过大而无法恢复正常,就生病了,即所谓的"心理病态"。如果我们把心理疾病以金字塔的图形划分,在最顶端的是属于较严重的精神病(包括精神分裂症、妄想症、躁郁症等),应该不超过总人口数的百分之二。

躁郁症发作起来,会呈现周期性的情绪过度高昂或低落,以至于影响社会生活与生理功能。还好,现代人在压力下所呈现出来的通常是烦恼,不断地烦这烦那,大部分是属于较轻微的精神官能症,如睡眠障碍、食欲不振或暴饮暴食,或是抑郁症、焦虑症等,林林总总加起来有一两百种之多,有些医师在

其诊断上可能统称为"精神官能症"。这些都是属于轻到中度的精神疾病；一般而言，预后（医师对于病人未来的疾病发展情形以及治疗后的恢复程度所做出的评估）良好。

据美国统计，罹患精神官能症的人口比例将近百分之二十；这些人当中，有些人只是很轻微的抑郁症或焦虑症或某种恐惧症，甚至轻微到一般人根本不在意而没有就医。在台湾，这个比例据推测应该是百分之十五到二十之间；换句话说，百分之八十以上的人，面对压力时都能咬咬牙就撑过去了。如果有人觉得承受不住压力，应该在初期就协助他到医院就医，寻求药物治疗；或向心理师寻求心理咨询，使他达到可以消化压力的程度。

几年前，台湾曾有位仁兄跑到动物园看狮子，但是，他不是站在笼子外，而是爬进围篱，在两只狮子面前滔滔不绝地传道，要它们努力做个好狮子。

这位仁兄是属于较严重的精神病患者。这类患者缺乏两个功能，其一为现实感，亦即能判断什么是安全或危险的能力。上帝不会要你去向狮子传教，这不合理；这位仁兄缺乏这个现实感，表示心理健康有问题。

第二为病识感。一般人都有病识感，像是肚子痛会去服药或看医生；但缺乏病识感的人即使自己生病了也不晓得，别人要他就医，他会直说自己没病。像这位仁兄，可能会说有问题的不是他，是那两只狮子。

再者，精神病患还多出了两个常人没有的现象。其一为妄想，其二为幻觉,即妄想脱离现实的想法,但病人却坚信确有其事。

有个朋友A遇上十多年不见的老朋友B,两人都要北上,就顺道载他。车子行驶在高速公路上,原本愉快地话当年,后来,A逐渐感觉不对劲,他发觉B总是盯着后视镜,显得神情慌张。一问之下,B说有人在跟踪他,"就是后面那辆黑色的宝马车!"

A内心狐疑,猜想:这老兄该不会是搞军火走私的,被调查局盯上了吧?没过多久,A发现那辆黑色宝马车不见了,就说没人在跟踪了;但B坚称他们还在后头。A说:"可是车不见了!"

B回答:"这次他们换成白色奔驰了!"

观察喝醉酒的人,或许更能理解妄想是什么情况。有个喝醉的人一直觉得对桌的人在不怀好意地看他,便想过去理论;同桌的友人拦住他说,你自己喝醉了,对桌的人背对着他们,根本没在看他。结果这喝醉的人更生气了,怒喊:"那他为什么不看我?分明是瞧不起我!"也有飙车族骑在路上觉得有人多看他一眼就乱砍人;也有些会对老婆施暴的人,看到老婆跟别人说两句话,就妄想她有外遇。这些都是过度敏感,和喝醉酒、嗑药(吸毒)的人一样,产生接近妄想的意念。

有妄想的人通常会连带产生幻觉,幻觉包括视觉、听觉、嗅觉、触觉等,最常出现的就是听觉和视觉;例如,看到窗外有不明人影、夜半听到怪异声响等。曾有个美国人喝得酩酊大醉,半夜醒来时惊觉有一条蛇爬在身上,便抓起床头的手枪朝棉被里的蛇开了一枪,结果被紧急送泌尿科做重建手术。原来,

他是被触幻觉害惨了。甚至有些因信仰走火入魔的人会跳河自尽，因为他幻听到神明在召唤他。

抑郁症患者并不会害人，他的所有负面情绪都只绕着自己纠缠，只想了结自己的生命；但是，若他认为自己一走了之后，留下的孩子更可怜，也有可能带着孩子一起走上不归路。少数抑郁症患者会一直往负面的想法里钻牛角尖，有时会钻得十分离奇。曾有个患者认为，现代人把地球环境糟蹋得一塌糊涂而不能再住下去了，后代子孙得移民到外太空；但他又担心，届时大家争先恐后，造成交通大壅塞，他的子孙就会在途中发生车祸而死在太空中。总之，想法不仅离奇，而且完全负面。还好，大多数患者不会有这种妄想。

幸运的是，现代医学相当发达，即使是更严重的精神分裂症、妄想症、躁郁症等，症状都可能改善甚至康复；主要是以药物治疗为主，心理治疗为辅。以躁郁症来说，若能配合医师长期服用治疗药物，再发的几率就会降低。但最大的问题，就出在大部分民众对用药产生抗拒，认为是精神病的药而不愿服用。这真是不可承受之重啊！

我们对患者做心理治疗时，其实常花很多心力在解决患者的心理冲突，教育他们要按时服药；如果愿意按照医师指示服药，一段时间后情况好转，药量就会逐渐递减。有人认为，精神科的药得吃一辈子，这其实是错误观念；用药主要是视病症及病情严重性而定，每个人的情况不一。但是，这个错误观念害惨了许多人。

在亲子关系中重现微笑——谈父母的压力调适

青春期的情绪问题要先从改善亲子互动着手

有的父母认为孩子是躁郁症或是抑郁症；但后来发现原来是亲子互动出了问题——父母想要决定孩子的一切；但孩子要做自己，于是加以反抗。

青春期孩子的情绪反应本来就比较剧烈，通常不是病态；但父母可能因为无法理解孩子的反应，就认为孩子是处在躁或郁的状况。在我们接触的很多个案中，有的父母认为孩子是躁郁症或是抑郁症；但后来发现原来是亲子互动出了问题——父母过度控制孩子，想要决定孩子的一切，但孩子要做自己，于是加以反抗，而出现摔东西、暴怒等情形。

若孩子的情绪不稳，不宜过度解读，要先了解造成孩子情绪起伏的来龙去脉：是不是和同学的互动出问题？在学校遇上什么困难？和家人是否争吵等？未必因为孩子暴怒发飙，甚至动手打人，就断定孩子有躁郁症。试想，退回二三十年前，大家还不太具有精神疾病概念时，就不会说孩子是躁郁症，而可能认为是"被煞到"或"卡到阴"（中邪）了。总之，对孩子的评估宁愿先保守些，不要立即给孩子贴标签。

至于精神疾病会不会遗传，事实上很难一言以蔽之。现代医学叫做"心身医学"，和二十世纪中期的"生物医学"不同。生物医学只考虑生理层面、体质因素，如父母有无抑郁症，就

会连带想到子女有无抑郁症,但心身医学还会考虑到心理层面和社会因素。心理层面包括人的性格、生长背景、从小学习面对压力的方式以及 EQ 等;社会因素则考虑到他的成长环境、人际关系是不是充满挫折,例如在管教极严的私立学校就读、成绩始终排名最后等。将心理和社会因素一并思考后,就会发现遗传因素并非绝对地产生影响。固然有些疾病会遗传,但父母有精神疾病,并无法直接推断孩子也会发病,还必须考虑个性、家庭气氛、人际关系等因素。

总之,要解决亲子互动问题,关键在于找出问题真相,而非急着帮孩子贴上某类疾病的标签。最佳解决方式是带孩子去看医师或心理师,尤其是心理师。因为医师的门诊很忙,三五分钟常不能仔细了解问题。诊断出病名,不等于就能治疗疾病。若是抑郁症还好,医师会开抗抑郁药物,但假如不是呢?

比如说,青少年时期有一种诊断叫做"对立性反抗疾患",就是常不服管教,乱发脾气或招惹同学。这种诊断对家人并无太大帮助,因为家人就是知道孩子很会反抗和对立才来就医,且这种病症也无特效药可医;换句话说,属于互动或习惯的问题不能单靠药物解决。再说,孩子若是反抗与对立,即使给了药他也不见得会吃。又如,发现这个孩子是受虐儿,即使施予药物也不能改变他的病,因为医师不能改变打人的父母。

医师进行诊断和开药,有其标准作业流程,但处理互动问题则没有标准作业流程。心理师则可以花较多的时间来倾听孩子的问题，了解亲子的互动，藉以判断是罹病或是属于青少年的叛逆，或者其他因素所造成；这部分则需靠父母、老师和心理师共同努力。

举个例子来说，有个已经上大学的孩子，早上九点要上课，九点十分还在家里看报纸，一副优哉游哉模样，倒是妈妈急得半死，最后总是塞钱让他坐出租车去上学。这位妈妈不明白孩子为何总是那么优哉，但问题可能就出在妈妈处理这个问题的方式上。互动问题不是药物可以解决的，因为问题可能是妈妈总是给钱，等于变相鼓励孩子优哉地坐出租车上学。所以，与孩子的互动问题，可能要回过头来检视家长和老师；当师长为孩子做太多时，孩子就什么都不必做了。

有项针对乳癌病人的研究，将病人分成实验组和对照组。后者接受传统的开刀、放射线疗法、化学疗法；前者则再加上团体治疗，即让病友及其家属加入社团，大家互相加油打气、分享经验、传授秘诀。结果，前者的寿命较后者长，而且长达一倍以上的时间。这个研究报告可以完全证实，只是进行生理的治疗是不够的，必须再加上心理及社会治疗。

身心灵成长计划

压力会造成身心不适，要改善症状，就得改善生活习惯，建立健康行为。

压力会造成身心上的不适,要改善症状,就得改善生活习惯,建立健康行为;所以,医师时常叮咛病友要多运动、不要熬夜等。但这些健康习惯的建立,唯有靠病人自己。

如何改善我们的精神压力?

首先是自助,即改变自己、学会成长,所谓"经一事、长一智"。第二为人助,即获得家人、朋友在经济上及精神上的支持。第三为天助,即倚靠宗教或灵修的力量(请参考图二:压力调适公式)。尤其台湾人普遍接受求神问卜,要去看心理医师也许还会产生若干心理抗拒;但听说哪儿的神明很灵验,都颇愿意一试,也难怪许多庙宇总是香火鼎盛,心理咨询师门可罗雀。孩子要考试,就去朝拜龙山寺的文昌帝君;之后,孩子到了适婚年龄还找不到理想对象,就去求城隍庙的月下老人;婚后迟迟不见好消息,就前去保安宫拜托注生娘娘了。有什么烦恼,都可以去庙宇向各尊神明请求。数百年来,庙宇文化对解决台湾人的心理困扰实在功不可没。

$$\frac{压力源 / 主观}{自助 + 人助 + 天助 \atop (个人应变)\ (社会支持)\ (宗教信仰)} = \begin{matrix} 身/ \\ 心/ \\ 行/ \end{matrix} 反应$$

图二:压力调适公式(黄龙杰,1999,改编自柯永河教授之心理健康公式)

在亲子关系中重现微笑——谈父母的压力调适

接下来说明可以改善精神压力的"身心灵成长计划 A～F"：

美国大导演史蒂文·斯皮尔伯格曾说："只有傻瓜，才会每天都做同样的事，却期待有不一样的结果。"

如果你的孩子突然变得很叛逆，或显得相当消极，或你搞不懂他在想什么、他老是无法让你满意时，一般师长的反应是：这孩子怎么搞的？必须要扭转他、改变他才是。其实，我们应该先反躬自省，也许问题是出在我们的行为上。

我自己的女儿小学三年级时，突然变得不太友善，不跟爸妈打招呼，老是自顾自地看电视。我觉得言教不如身教，就决定以身作则，告诉她什么是礼貌。于是，我每天下班回家后，看到她坐在沙发上看电视，就主动热情地打招呼："爸爸回来了哟！"她总是冷淡以对。我继续提高我的挫折容忍度，不气馁地招呼她："爸爸回来了哟！你功课写好没？要不要爸爸帮忙？"结果她的反应仿佛是：爸爸好烦，爸爸好无聊！

这孩子怎么变了？她小时候每次看我下班回来，都会即刻扑过来抱住我的大腿，就像失散多年父女重逢般地热情。每天都上演这种感人戏码，我有再多的压力和不愉快，也都在此刻抛诸脑后了。而今被她冷漠以对了三五天，我忍不住火大了，就去找老婆讨论；其实，我心里没说出口的是"养子不教母之过"，女儿变成这个样子，妈妈应该要负最大的责任。记得那天老婆正在厨房里切菜，她淡淡地说，女儿放学回来看卡通，这是她一天最放松、最快乐的时光，干嘛硬要挑这个时间问她功

课做好没,要不要爸爸帮忙?真是哪壶不开提哪壶!

真是一语点醒梦中人!我这才发现,每天下班回家见女儿坐在沙发上看电视,我根本没注意到她在看什么,只是满心想快速教会她懂礼貌,拉近亲子关系。

第二天我就改变策略。回家后,我先回房换上轻便的家居服,然后坐在女儿身旁,陪她看卡通,那时才知道她看的是《神奇宝贝》。虽然这卡通的人物造型都很可爱,但剧情每天都一样,就是好的一方和坏的一方互相派他们的宝贝打来打去,最后好的一方打赢了。其实我觉得蛮无聊的,但为了与她产生共鸣,便兴致盎然地和她讨论剧情;我发现这招还挺有用,问她一些关于人物的问题,她的反应都很好,我们聊得很愉快。

我们又接着看下一出节目《麻辣教师》,分享很多对这个节目的看法;令我惊讶的是,我这个大人觉得很有趣的部分,她这个小孩反倒觉得很幼稚。但无论如何,我们变得很有话聊,而且我改变了对女儿的看法,觉得她是个有说有笑的乖女儿。我想她对我的看法也改观了,因为我不再是那个老是唠叨、要她做功课的老爸,而是会陪她看电视,喜欢她所看节目的老爸。

从与女儿互动的过程中,我学会了有时候必须投其所好,而且必须亲身参与其中,不能只是嘴巴讲讲,而要付诸行动。能够和孩子共同进行一件事,你才能成为他的伙伴。不要急着想改变孩子的行为,必须先和他建立起死党般的情谊;因为,孩子到了青春期阶段,往往更重视朋友。美国大导演史蒂

在亲子关系中重现微笑——谈父母的压力调适

文·斯皮尔伯格曾说:"只有傻瓜,才会每天都做同样的事,却期待有不一样的结果。"回顾我自己,在这个过程中,一开始不也像傻瓜似地每天都做同样的事,一个劲儿地相信所谓"皇天不负苦心人",以为苦心可以感动天,其实未必。

有人说:"当你把注意力放在如何改变自己时,才能主动掌握自己的生命。"没错!当我们改变自己的行为时,我们同时也在帮别人铺下改变的路。如果像前面提到的那位妈妈,只会塞钱给孩子坐出租车上学,孩子当然无法改变上学迟到的毛病;因为妈妈太负责,孩子就学不会负责。

现代青少年常沉迷网络,有的孩子从一早起床就挂在电脑前,直到三更半夜还在玩电脑,不去上学;最后,学校要孩子休学,家长于是向心理师求助。诸如此类状况,解决方法其实并无标准答案;因为,十个家庭可能就有十个不同的原因。有些家庭分工是爸爸从来不管事,由妈妈全权处理;我们看到带孩子来求诊的,绝大多数都是妈妈,由妈妈心力交瘁地说明孩子很反抗或很忧郁。其实,一家人就像一组齿轮,必须分工合作,无法期待只由一个齿轮带动。尤其当孩子就是那个最不想动、最不想改变现状的齿轮,妈妈通常是最受苦、最坚强也最想改变的人,但光靠一人之力是不够的,爸爸不该参与其事吗?千篇一律的说辞都是:"爸爸有事,很忙不能来。""哦!他有来啦!但在车上看报纸。"如果爸爸不想参与改变,事情是不容易有所进步的;孩子的良性改变,必须靠大家共同的良性互动。

爸妈别抓狂

有位妈妈因为有个休学在家、整天"挂网"的孩子烦恼不已。她表示,孩子每天睡到八九点才起床,起床后从不出房门,就开始玩电脑。由于孩子不出来,妈妈就好心地将早餐送进房里,并苦口婆心地要孩子吃点东西,不然都瘦成了皮包骨。但只要再多说两句,孩子马上变脸;妈妈只好摸着鼻子默默出来,过一会儿再进去收拾早餐。中餐也是一样由妈妈送进房里,妈妈总是忍不住要孩子少玩电脑,并多吃点东西;每每说到这里,孩子又板起脸来,妈妈只好又默默离开。

我能明白这孩子为何喜欢待在房里,不去上学了;因为,自己的房间就像专属的网吧包厢,不但无人打扰,还有人定时送餐,真是再舒服不过了,干嘛上学去呢?这时,恐怕不该抱怨孩子什么都不做,而该质疑这位妈妈为何要做这么多。还有些父母不陪同孩子做心理咨询,因为他们知道心理师会认为父母该负部分责任;他们怕被究责,于是有了鸵鸟心态,总待在诊间外,不肯与孩子一起面对心理师,面对问题。

人无法离开人际关系而活;一旦人际关系不健康,就会导致前述的生理及心理不健康,精神官能症就会随之而来。如果罹患抑郁症,我们的解决之道是一方面服药,一方面从改善人际关系着手。

前述这两位妈妈,可能都不知道是自己出了问题,而认为是孩子本身出了什么状况,导致得了焦虑症或抑郁症,这就搞错方向了;因为解铃还须系铃人,得从妈妈自身改变做起。因此,做心理咨询的另一个好处,便是藉由"旁观者清"来点醒

在亲子关系中重现微笑——谈父母的压力调适

"当局者迷"。

为什么有句话说"观棋不语真君子"？不语的原因正是因为"旁观者清"啊！在家庭互动的这盘棋中，实有赖旁观者来帮助厘清事实真相；否则，光靠自身反省，反省到的永远是早已了然于胸的事，而非真正的盲点；一味埋头苦修，却始终无法修成正果。有谁可以看到自己的后背呢？理完头发后，不也要理发师拿面镜子在后面照，你才看得清自己后方的头发需不需要再修整吗？做心理咨询的道理也一样，这也是最重要的部分。

计划B　Belief 转念　英国诗人米尔顿说："思想可以使天堂变成地狱，也可以使地狱变成天堂。"有时我们不妨逆向思考，想办法把地狱转化成天堂。

有时候我们看到自己的盲点了，知道该改正哪里，却未必改得了；知道和做到往往是两码事。每个家庭文化不尽相同，有的教孩子要对大人言听计从，没做到就纠正；有的视孩子为心肝宝贝，舍不得说句重话。英国诗人米尔顿说："思想可以使天堂变成地狱，也可以使地狱变成天堂。"很多时候我们不妨逆向思考，想办法把地狱转化成天堂——一切从改变观念开始。

《谢谢你折磨我》(水瓶世纪出版)是一本教我们如何以敌为师，来调适压力的另类励志书。书中有很多妙喻，例如碰上受不了的事，折磨你的人，可能是孩子或你的另一半，婆婆或媳妇，也可能是上司或同事，甚至就是你的爸爸或妈妈，此时，不妨逆向思考："魔鬼就是天使的化身。"这孩子或这个讨厌鬼

爸妈别抓狂

之所以会对你这样，其实他们是上帝或佛祖派来的使者，只是穿着魔鬼的外衣，一时让你辨识不出来；所以你会生气，会责怪他，会不断地促进恶性循环。

遇到烦恼和压力来袭时，你需要的是转念！请记住，有时"逆向思考就是最好的正向思考"。遇上讨厌鬼，就当他是穿着魔鬼外衣的天使，是来考验我们的EQ（情商）、来帮助我们成长的。试想，若不是我女儿的叛逆，我怎会知道她的心理；因为她的叛逆，才让我成长。所以，孩子也是来考验我们的，看我们的"生活与伦理"这门课能不能过关。

不仅是亲子关系，转念对于任何人际关系都十分有效。雨天走在壅塞的路上，被冒失鬼所撑的伞给戳到；走出巷口差点被疾驶的车辆给撞着；连买个东西都要看店员的脸色……遇上这些事确实令人不快，但不妨逆向思考：这一切不都是在考验我们的EQ吗？

打桌球和羽毛球，最怕遇到怎样的对手？是喜欢杀球、杀气腾腾型，还是喜欢吊球、心机很重的那一型？根据调查，最可怕对手的排行榜第一名是：不会打球的人！他让你一整场都在捡球，捡得又气又痛苦。

那些让你觉得虚弱、受伤、不被尊重、不被珍惜、老是火冒三丈的人，不管是上司、媳妇或婆婆，他们通常都不是故意要伤害你，而是因为他们的EQ不好，不懂得人际相处之道；而且，你绝不会是那唯一受苦的人，因为他们对待别人也是如此。那个会用伞戳你的冒失鬼、会差点撞到你的驾驶员、会惹毛你的店员,都是因为他们没有敏感度,EQ 太差了。

你的孩子也是;他老是惹你生气、折磨你,让你头痛、椎心泣血、不知所措,那是因为他还不够成熟,没学会好的 EQ。如果这时你也恶言相向,甚至以暴制暴,冤冤相报,那你家不成了"立法院",每天都在蓝绿大对决?

因此,我们千万不要再陷下去;要学会逆向思考,要用平常心去面对。

西方古谚说:"分享快乐,能使快乐加倍;分担痛苦,能使痛苦减半。"

西方有句古谚说:"分享快乐,能使快乐加倍;分担痛苦,能使痛苦减半。"也就是说,除了孩子之外,其他的人际资源、支持系统也很重要。打个比喻,好的亲情、友情、爱情就像心灵的维他命。

常言道:"给他鱼吃,不如教他钓鱼。"有时候我们需要有人给我们鱼吃,借我们钱周转,代劳一些工作,分担家务等,这些属于工具性的协助。有些人有过来人的经验,能够提供相关建议及信息,帮助你复制他的成功经验,少走一些冤枉路。还有一种是情绪性的支柱,如癌症病友们相互扶持,以及宗教的力量等,都可发挥精神上的慰藉作用。

遇到心理上过不去的时候,不妨打个电话给朋友,喝咖啡,聊是非,有助于放松紧绷的心情。

爸妈别抓狂

当你感到痛苦无助时，不妨把烦恼暂搁一旁，不要再往牛角尖里钻。

当烦恼工作、亲子关系等诸多问题时，也必须留一点时间给自己；尤其是为人母、为人妻者，常常把自己奉献给先生和孩子，久而久之就失去自我，蓦然回首时才惊觉：我的自我哪里去了？

自我，其实就是你的兴趣和嗜好。你必须保有自己的兴趣——唱卡拉 OK、画国画、游泳都好；每周都要留给自己一些时间来乐以忘忧、浑然忘我；如此才有长期走下去的动力，人生也才有希望。人人都必须培养自己的兴趣，涵养自己的一方心田。

遇到心理上过不去的时候，不妨打个电话给朋友，喝咖啡，聊是非，有助于放松紧绷的心情。若找不到朋友，也可以自己去逛逛街，看场电影，喝个下午茶。总之，要释放自己，不要再往牛角尖里陷下去。

要养成运动习惯，标准是一周三天，一次三十分钟。

俗话说："四十岁以前糟蹋身体，四十岁以后就被身体糟蹋。"因此，养成运动的习惯十分重要。

运动的原则就像三明治一样，之前要暖身，才不致造成运动伤害；之后则要舒缓筋骨，二者兼备才能避免运动伤害。否则，一旦受伤就不能也不会想再运动了。中间最重要的部分是

在亲子关系中重现微笑——谈父母的压力调适

进行有氧运动,如跑步、游泳、气功等皆是。至于重量训练,一般来说,东方人较不流行;我们不时兴举哑铃,但至少在家可以举举矿泉水瓶。其他如仰卧起坐、俯卧撑等都相当不错,可以锻炼体能、纾解情绪,且可达到塑身效果。最重要的是要养成习惯,标准是一周三天,一次三十分钟。

计划F Faith 信仰

信仰不一定是指宗教信仰,
也可以是人生价值的提升与确立。

生活是最好的老师,挫折是最好的道场。人生若都一帆风顺,人人就都不必成长了;但这样的人生也可能很无聊,因为了无变化。

有次读到暨南大学施教裕教授的"说文解字"。说到"富"和"福"的差别,很有意思。富,未必就是福。就字面而言,"富"是屋顶下有一畦田;人们能够有房子住,能够自给自足,就算富裕了。但"福"字的旁边还多个"示",意指神明——表示除了有一技之长可以养家活口外,还要遵照神明的指示或圣贤的教诲,去关心别人,把自恋转成博爱。

很多人是在中年遇到重大变故或挫折后,才转向宗教寻求支持。

有对演奏家夫妇,当年两人皆以优异成绩毕业于音乐系,前程一片光明灿烂。然而,大女儿出生四个多月后,经证实为重度迟缓儿,一生都须仰赖别人的照顾,这一噩耗让两人几乎崩溃。一般父母在这种情形下,恐怕会畏惧再生第二胎;但他

们勇气十足地怀了第二胎,没想到二女儿还是被证实为中重度迟缓儿。为了孩子,他们四处寻医并求神问卜,家庭经济也跌入负债累累的谷底。

正当最无助、绝望的时候,靠着信仰的力量,他们挥别阴霾,重新看待孩子如同上天所赐的天使。透过孩子,他们学会了无私地爱、接纳与包容;而且居然又有了第三个女儿,是完全健康的宝宝,全家因此重燃生命活力。

基于多年的切身经历,他们深感"父母先走出来,孩子才有希望"。于是成立了"天使心家族",希望将自己的经验与他人分享,并与所有迟缓儿家庭一起携手共度。

这对演奏家夫妇藉由信仰的力量,把心志从关注自己转而关心别人。信仰不一定是指宗教信仰,也可以是人生价值的提升与确立。我们的灵性需要修养,健康除包含生理、心理和社会外,据说,《大英百科全书》也把灵性列为健康的第四项。

总之,要做孩子的心灵捕手,不漏接孩子发出的每一球,让他知道我们稳稳地接到了,他就会受到鼓励而继续发球,这就能形成良好的亲子互动。

倾听为什么重要?因为倾听就是在接球。同时,我们必须认知到抑郁症并非凭空而来,只有极少数人是因为体质或遗传、家族病史所致,绝大部分的成因是由于长期在不良的互动中形成。因此,就从调适压力开始,从"身心灵成长计划 A～F"做起,让我们在亲子关系中重现微笑吧!

SMART的亲子教养秘笈

让生命自由
——打开生命能量,家庭关系更自在

◎吴娟瑜(国际演说家、作家)

- 小孩爱顶嘴。
- 总感觉星期一到星期五之间,特别会对孩子发脾气。
- 要求孩子必须做完功课才能玩电脑,结果孩子三两下就宣称已做完功课,然后埋首电脑了。
- 两个兄弟分别是初一和小学四年级,一见面就吵,几乎不曾和好过。
- 每次妈妈都要叫一个多小时,孩子才懒洋洋地起床。
- 孩子希望能考上师大附中,但成绩离这个目标还有一段距离。

爸妈别抓狂

"你的孩子好带吗?"几个父母聚会闲聊时,话题总不免绕着孩子打转;话匣子一开,就是一串又一串的甘苦谈。最困扰他们的是:"孩子怎么这么难带?""为什么老大好带,老二却很难带?"

父母们所谓的"难带",不外乎孩子太有主见、爱顶嘴,他们的口舌反应之快,常让父母招架不住。

如果你有这样的孩子,我倒要向你道声:"恭喜啊!"因为,这样的孩子正是我们的师父,可以让我们多多成长。

小孩爱顶嘴表示他的基因好,因为他有自己的想法,更具有生存的优势;可是,孩子的命运,却决定在父母的一念之间——唯有父母们不再认为这样的孩子难带,转念认同、称赞他的优点,他们才会有好的命运。

在家里跟孩子应该如何互动,才能把最好的能量传输给孩子?对孩子,又应有怎样的期待?该如何引导他们?这些都是现代父母必修的学分。

打开生命能量,从照顾身心健康做起

培养充沛的生命能量,首先要从养身做起;因为身体的健康状态,确实会影响亲子间的互动。

一个人从单身到结婚,进而生养子女,生命能量就应该不断扩大;当生命的格局更宽、更大时,就更能容纳夫妻和亲子关系,相处的弹性就更容易展现了。

培养充沛的生命能量,首先要从养身做起;因为身体的健康状态,确实会影响亲子间的互动。我将通过一些实际的案例来说明。

案例 一

不知为何,总感觉星期一到星期五之间,特别会对孩子发脾气,但星期六、日就不会。

相信很多父母,尤其是工作和家庭"两头烧"的妈妈,特别有这种感觉。这是因为,假日能够获得较充足的睡眠,心情也较放松,自然较有耐心应付孩子;而星期一到五要上班,又忙又累地回到家,孩子一吵,当然没有好心情了。所以,父母们应该先学会好好照顾自己的身体。

如何照顾自己的身体呢?不妨先从一些生活上的简单问题来检视:

☐ 能每天准时上厕所、不憋尿吗?
☐ 吃东西都是细嚼慢咽,带着感恩的心情吗?
☐ 能不乱发脾气吗?
☐ 会向另一半说谢谢吗?
☐ 洗澡时会轻揉慢洗,感恩身体的每一个细胞吗?

问问自己,你能做到多少呢?夫妻和亲子关系要好,就要从好好照顾自己的健康做起,然后进入自己的生命系统,做深度的觉察;也就是,让自己的生命随时进入生命禅的觉察境界。

爸妈别抓狂

案例 二

一位大企业的董事长,每次看到红灯就会不由自主地焦躁起来,于是催促司机快快快、快快快……

其实这位董事长也可以转变心念这么想:"感谢红灯让我休息。"同样地,如果孩子晚上迟迟不肯上床、早上迟迟不肯下床,父母也可以默念:"感谢你让我修身养性。"换句话说,心情焦躁时,随时把自己拉回到禅定的境界,并以感恩的心情来对待,就会更自在。

愉快、轻松、欣赏、期待、祥和、快乐,这些都是属于心理上的感觉;但与孩子互动,我们必须用整个身心去感受,让"感官复苏"。当你回到家中,看到孩子时,就要用"我听、我看、我感觉到;我闻、我尝、我摸得到"来完整、深刻地与孩子互动。

案例 三

有位先生于高中时期就有轻躁现象;虽然自觉颇有才华,但不爱读书,也常因意见不同而与师长起冲突。即使顺利完成大学学业,但他表示,读书完全是为了不让妈妈失望,而不是自己真心想学习。踏入社会后,原本的轻躁现象变得更严重,事业也一败涂地,有两个月的时间住院治疗;还好,太太始终不离不弃地陪伴。但是,他的哥哥就没有这么幸运了,同样的病症,最后却落得妻离子散。因此,这位先生十分感念太太一路相伴,并没有成天唠叨、催促他赶快去找工作,而是陪他沉淀心情，等待他整装再出发。

太太回顾这一段历程表示，先生的哥哥发病时，她对精神疾病仍一无所知；直到先生也发病了，才开始去了解躁郁症。了解之后，对于先生在发病期间的种种行为，例如对她施以暴力、大肆血拼采购以致出现经济困境等，就完全释怀了；而且，愿意全心全意陪先生住院就医。经过这段考验后，夫妻感情比以前更融洽了。

事实上，这位先生求学时的心态，也是现今很多孩子的写照，他们都是为了怕父母难过和失望而读书。但为人父母者，在孩子成长过程中，更应该真正关心孩子内在的心理状况；孩子的心理健康会影响到身体的健康，而身体健康则是一辈子幸福人生的基础。

现在，可以试着沉淀心绪，回到初心，对自己说："我是孩子的好爸妈，每天全心全意照顾孩子，并辛苦尽责地工作，希望让家人生活得更好。现在，我愿意回到生命更核心的内在，愿意停留在孩子的生命系统中，关心并了解他们。"

父母的眼光与对待，影响孩子自我形象

当孩子一天天长大，开始有不同的意见，会对你的要求说"不"时，我们便觉得孩子变了。

回想当初孩子呱呱坠地来到这个世界，我们是多么欢喜和

宝贝；当他开始会说话了、会笑了、会玩了，我们又有多么疼爱和珍惜，他的一举一动、一颦一笑是那么可爱啊！

当孩子一天天长大，开始有不同的意见，会对你的要求说"不"时，我们便觉得孩子变了。当彼此因意见相左而起争执时，我们甚至会气急败坏地认为："我怎么会生出这样的孩子！""这孩子怎么这么笨！""孩子怎么总是爱吵架！"……

可曾想过，孩子也在呐喊："从前您们不是很爱我吗？现在怎么变了？我到底哪里错了？我要怎么做才能让您们满意呢？""我也很努力，很想把功课做好；但是，有时候我就是做不到，我不是故意的！""爸妈可不可以给我一点空间，让我做自己，让我更快乐好吗？""您们愿不愿意多听听我的声音？听我想对您们说什么！""您们知不知道我最快乐的事是什么？知道会让我痛苦的是什么？我的压力您们知道吗？我有时真不想回家，您们知道吗？"……

父母对孩子有很高、很多的期待，这是在所难免的；但父母也要学习对孩子更放松和放宽，要把自己的生命格局放大，让孩子能快乐地成长。让他知道，即使他做错了，爸妈仍会原谅他，只要不再犯就行了；就算功课不好也没关系，只要健康快乐就好。一定要让孩子相信我们会疼爱他、关心他、了解他，因为他永远是我们的宝贝；这样就能让亲子间的磁场有更好的互动，让孩子看到父母，就像看到自己的希望，自己无限的未来。

父母关心子女是天经地义的事，天底下不是有许多子女因为得到父母的鼓励而重新出发的吗?关键在于,为人父母是用什么态度来关心子女。是过度担忧,还是漫不经心,还是平稳地引导?

父母和孩子互动时所传达给孩子的感受,往往会影响孩子的自我期望。你平常看孩子的眼神是关怀、镇定、支持,还是不满和催促呢?要知道,孩子从接收到父母眼波的那一刻起,就会影响到他的精神状态以及自我认定。若你是笑容可掬、充满活力的样子,孩子就会跟着展现青春活力;相反地,若你是疲累不堪、烦躁不耐、眉头深锁、嘴角紧抿、五官全部纠结在一起,仿佛看不到希望,孩子自然容易受影响而跟着情绪不稳。

因此,父母要好好调整情绪,并照顾自己的身体健康。要让身体的能量苏活起来,让生活的格局更加放大,才能让孩子愿意走进你的世界,感受到你的眼神、笑容、语调和肢体上的愉悦。父母能传达给孩子欢喜、成长的感觉,孩子的生命也将更为开阔。

平心静气,改变要有步骤

千万不要在孩子玩得正起劲时打断他,最好是在他休息时或睡前与他恳谈,并表明这是重要的谈话。

改变要从心开始,其次为养心。请大家记得"感受—觉

爸妈别抓狂

察—领悟"这个公式。

案例 四

孩子就读高一，放学回家就坐在电脑前，打一整晚的电脑；到了周末假日，更是连玩十二个小时。妈妈希望孩子能好好看看书，于是曾经强制关掉他的电脑；但他改看租来的小说，就是不愿看书，令妈妈十分头痛。

案例 五

妈妈要求孩子必须做完功课才能玩电脑，结果孩子三两下就宣称已做完功课，然后埋首电脑了。

像这种整天与电脑为伍的孩子大有人在。父母看到孩子沉迷于电脑，一定十分生气；但你可曾想过，如此生气所为何来？有人的答案是因为着急——怕孩子考不上大学；考不上大学就找不到好工作，然后就娶不到好太太。也有人是出于担心——怕孩子视力受损而影响健康。

有了着急和担心的感受，进而觉察到，我们对孩子还是紧抓不放，执著地要求孩子顺应我们的意志；就因为我们的执著，让亲子关系变得紧张。因此，必须学习一些正确的技巧，也就是要订出具体的方法，明确地告诉孩子，并引导孩子配合。

千万不要在孩子玩得正起劲时打断他，最好是在他休息时或睡前与他恳谈，并表明这是重要的谈话。谈话时，必须充分地讲出感觉，说出需要，并明确底线，让孩子可以清楚地遵循。

这里必须学习的两个技巧就是"讲出感觉,说出需要"。

妈:"儿子,我有重要的事要与你谈谈,你有没有空?"表明这是很重要的事。

儿:"等一下才有空。"

妈:"等一下是多久?三分钟或五分钟?"不要让他逃脱,要追问出明确的时间。

儿:"你说嘛!"

妈:"五分钟可以吗?"时间要明确。

儿:"随便。"

妈:"那就是八点整啊!八点整我来找你谈。"

必须像这个对话般,很具体地表达父母的要求与建议,不要让孩子随意逃避问题。待五分钟后,妈妈就去找儿子恳谈。

妈:"是这样的,妈妈看你每天晚上都上网玩三个小时,实在很担心你的眼睛和身体健康;更何况你都不上厕所,我也担心你憋尿。因此,建议你明天开始做个调整。你打算怎么做?"要具体表达出感受。

儿:"可是我有尿尿啊!"孩子总会狡猾地逃脱问题。

妈:"那很好!我要讨论你明天起如何调整玩电脑的时间。"切记要拉回正题。若岔开话题,可能又为其他的事争吵起来,那正事就办不了了。

儿:"你说呢?"

妈:"我的意见是明天起,你一天只能玩两个小时,寒暑假才能玩三个小时;如果没有按照规定而超过时间,那就隔天整

个晚上不能开机。"

除了口头约定之外，最好还能立刻白纸黑字地载明上网公约，贴在电脑前："周一至周五晚上只能玩两小时，周六、日才可玩三小时；若不遵守规定而超出时间，必须强制将电脑关机。"并要求孩子签名以示负责。

除了讲明需求之外，还要清楚标明底线，再依约而行，彼此就容易遵守相处中的游戏规则。如果不说底线，光只是一而再、再而三地说"不能再玩了"，孩子就只会当作是妈妈的唠叨而充耳不闻。此外，明订出规则后，父母必须坚持下去，不能因心软而说一套做一套；也可请老师配合，要求孩子不玩电脑。如此严格把关，久而久之，孩子就能养成时间快到就准备关机的习惯了。

总之，人际关系中若能清楚自己的底线，也了解别人的底线，相处中就可以减少委屈、受辱或误会的情形了。当然，孩子听话，能够自动自发最好；但如果孩子不从而激怒你时，千万别因此发飙，应清楚跟孩子表明你生气了，并且是因为他不守规定而十分生气，然后走开，去调整心情。

让生命自由——打开生命能量，家庭关系更自在

明确规范，让孩子学会负责

先跟孩子沟通好底线，然后硬下心来，等候孩子自己跨过他的门槛。

案例 六

女儿念初三，放学回来吃过饭后会先睡一觉，从六点半睡到八点半，必须依赖妈妈叫她起床做功课。但每次妈妈都要叫一个多小时，孩子才懒洋洋地起床；又嫌妈妈很烦、很吵，于是两人常为此起争执。

孩子会怪妈妈又吵又烦，那是因为她在睡梦中被叫醒；也因为是妈妈，她才可以任意骂人，让情绪有个出口。这时，妈妈应该跟女儿沟通好底线，约好起床的时间，然后跟女儿表明妈妈很乐意叫你，但只愿意叫两次。此后，妈妈就要坚持真的只叫两次，两次过后她再不起床，就是她自己的责任了。

案例 七

有位妈妈也是为了每天早上叫孩子起床，从一早就搞得全家乌烟瘴气，心情很不好。后来，妈妈就和孩子沟通好，以后都由孩子自己起床，妈妈不再服务了。第二天，妈妈早早准备好早餐等着，眼看孩子房门一直不开，心里挣扎着要不要进去叫孩子起床；但她自我克制，决定遵守既定的底线，让孩子自

已起床。

到了七点四十分,房门开了,孩子连珠炮似地抱怨妈妈怎不叫他起床,然后抓起书包就冲出门。妈妈则很镇静地在一旁冷眼旁观。晚上孩子回来,板着一张臭脸;但妈妈还是很沉得住气。第三天早上七点不到,孩子的房门自动开了,因为孩子知道妈妈是玩真的了。

在这个过程中,重点在于妈妈不能心软,能够硬下心来,然后等候孩子自己跨过他的门槛。

父母先改变,孩子才能改变

从赞美孩子做起,以实际的温情与孩子互动,让孩子感受到父母的疼爱,终于改变偏差的行为。

案例 八

长期以来,儿子的言行让妈妈十分失望,但妈妈很有智慧地尝试改变,于是在冰箱上挂一块赞美日记板,要求自己每天写下对儿子的赞美。

第一天,妈妈肠枯思竭,完全挤不出半句好话;后来勉强回忆起,孩子小时候有一次收到糖果,随即就转送给妈妈。就从这样的小小回忆开始,妈妈努力一点一滴去找出孩子的好。赞美日记如此持续写了三年多,至今孩子读大专了,妈妈还是继续写。而这个儿子也变得很乖巧,很愿意跟妈妈沟通,凡事征询妈妈的意见。

这位妈妈付出了极大的耐心,她从赞美孩子做起,以实际的温情与孩子互动,让孩子感受到妈妈的疼爱,终于改变孩子的偏差行为。这就是父母先改变自己,孩子也随之改变的成功案例。

你也可以换个角度看,孩子只是玩电脑,并没有去飙车或吸毒,毕竟他还是待在家里,在妈妈看得到的范围里,着实没有坏到哪里。会上网的孩子通常以男孩居多,而且是左脑发达的居多;因为左脑发达的孩子通常较不善于人际互动,甚至孩子的爸爸也是这样。因此,我们会鼓励这类爸爸和孩子要有更好的互动;多与孩子互动,孩子就不会躲进电脑世界了。

案例 九

有位已退休的军中高阶将领,带兵无数,却管不动自己的儿子。儿子二十多岁退伍后,就没出去找过工作,整天躲在房里打电脑、上网,足不出户,俨然成为社会边缘人。

孩子一头埋入网络世界而出不来,有可能是他不懂得如何实际与人相处。一个家庭中,夫妻感情好,亲子关系才会更好。有些妈妈花太多时间照顾孩子,却忽略了经营夫妻感情,那么亲子关系还是很可能另有变化。

案例 十

孩子读初三,对自己有很高的期许,希望能考上师大附中;

爸妈别抓狂

但目前的成绩表现离这个目标还有一段距离。

孩子仍不肯放弃,甚至做好重考打算,非要考进理想学校不可;但妈妈就不这么想了,她不希望孩子浪费时间再重考一年,总是明示或暗示孩子有学校念就好了。结果,妈妈觉得困扰,孩子也感到矛盾。

孩子觉得"何不让我一试",她真的很想读师大附中,很希望父母支持她,让她考考看;另一方面,她也感受到大家的眼光,都是不看好她的,因此颇觉忿忿不平,认为大家都瞧不起她。但妈妈认为,孩子根本考不上,又何必浪费时间和金钱?尤其,看着孩子这么拼命,搞得精神紧绷时,妈妈也不免担心孩子的健康。

或许这位妈妈也没错,但必须让孩子认清自己的实力,让她自己去改变选择。此时,不妨让孩子知道,妈妈并不要求她进名校,只希望她能快乐健康地成长。但切记,千万不要在此时流露出"你根本考不上,不必浪费时间与金钱"的眼神,这将对孩子造成伤害。可以轻声地对孩子说:"你好用功,妈妈看了很高兴;但也很舍不得,怕影响你的健康。你要好好照顾自己,妈妈爱你唷!"用实际的关心行动来代替不认同。

再者,孩子的人生也不该只有读书一事,父母应与孩子有更多互动,诸如:一起看电视、爬山、散步、下棋、打球、看电影、聊天,甚至专程去看场表演等。有这么多方面的活动可参与,别只锁定在读书一途上。

案例 十一

两个兄弟分别是初一和小学四年级,一见面就吵,几乎不曾和好过。妈妈坦言,发生争吵时,他们多半会责怪老大,也了解很多时候是错怪了。

有一次,兄弟俩在房里,没多久弟弟大呼一声,妈妈冲进房里一看,弟弟背上有几道抓痕。妈妈立即不由分说地打了哥哥,认为一定又是哥哥欺负弟弟。哥哥个性较憨厚,虽然挨打,也没多说什么就跑去睡了。后来,妈妈才知道事情的原委:当时是弟弟先抢了哥哥的玩具,哥哥想要抢回玩具,却不小心抓伤没穿上衣的弟弟,而留下抓痕。

待妈妈了解整件事情的经过后,也勇于承认自己的错,向大儿子道歉。其实,妈妈也知道弟弟平常就爱打小报告,只是总认为:"兄弟之间,大的本来就应该让小的。"

这位妈妈觉察到她处理兄弟间的争执并不公允,于是进一步领悟到要从更多角度去看清事实的真相。孩子在家庭中本来就会竞争,彼此会瓜分资源;原本的资源会因为别人的分享而减少,就容易起争执。再者,弟弟抢走哥哥的玩具,哥哥要捍卫所有权,自然会去抢回来。我们必须尊重每个人的所有权,不能任意拿走别人的东西——弟弟不能拿哥哥的,哥哥也不能乱动弟弟的,也不能存着"大的让小的"的想法。这位妈妈愿意为自己不当的处罚向孩子道歉,确实值得嘉许。

爸妈别抓狂

案例 十二

有位爸爸很聪明,当儿子跟妈妈顶嘴时,他就会对孩子说:"来,陪我出去散散步,十分钟就好!"出门后,他并不会马上就长篇大论地说些人生大道理,而是轻轻松松、天南地北地聊天;待十分钟快到,该走回家时,他才对儿子说:"拜托!回去给我'那个女人'(爸爸昵称妈妈为'女人')一点面子啦!"儿子就会消气地说:"好啦!"

这就是属于父子间的男人式的对话,能轻易转化原本在家里一触即发的不安。不妨舍弃唠叨式的谆谆教诲;否则,说多了,孩子只会认为:"又来了!又是那一套!"就完全失效了。

心念的调整能让我们的生命格局放大,让我们看事情的方式多些弹性,不会经常困扰自己。重要的是,必须学会更多的表达技巧,给亲子双方都有更多的空间去感受、觉察和领悟;然后放下,获得改变。

例如孩子顶嘴,那是因为他在青春期,体内荷尔蒙旺盛,因而容易急躁,讲话就较冲;领悟到这点后,父母的对应之道就是身段放得更柔软,表达得更轻声细语,让孩子自己觉察到他也有不是之处而必须改变。若能放下对孩子的批判,不再执意教训他该怎样、不该怎样,亲子关系才能变通、变新、变好。

夫妻相处模式也是一样,如果先生老是晚归,你感到生气甚至暴躁,这时就必须觉察到:是不是先生在家感到无趣,或生活上有什么压力?于是,你必须有所改变,和先生相处不能再一板一眼,要多与他聊些轻松的话题,不要老是像审问犯人似地质问:"你到底去哪里?都跟谁在一起?为什么手机不开?"总之,家中的气氛和互动,本来就最好轻松一些;如此,夫妻关系才能变通、变新、变好。夫妻关系好,孩子自然好带。

让你的孩子做他自己,不要把你对他的"愿景"强加在他的身上;也就是说,不要对他有过高的期待,让孩子快乐地做他自己,并帮他找出可以使自己快乐的方式。如此,亲子关系和谐,双方必然能在快乐中成长。

倾听内在的声音,回归生命的中心点

孩子常会与父母聊到学校发生的事,也会倾诉他的委屈。即使在整个事件中,孩子未必是对的,但父母所要做的,除了引导孩子纾解情绪,还要让他自我反省。

有些人日子过得忙、茫、盲,远离自己的生命中心点,日子过得浑浑噩噩,常常被外在琐事所干扰。这时,改变的关键就是随时学会"回到生命的中心点",从照顾好自己的内在开始,倾听内心的声音,自然能抉择适当的行动。

案例 十三

孩子在学校与人起争执,变得脾气暴躁,甚至呛声:"我跟辅导老师杠上了!"妈妈虽然觉得老师的处理方式未必妥当,但

也只是软言开导孩子,要他退一步想,也许是对方不能接受他的表现方式,应该先自己冷静一下。而先生在南部工作,平时夫妻相隔两地,未能好好互动,使得这位妈妈常有无力感,于是愈来愈离开生命的中心点。

要成长,就必须学会回到生命的中心点;学习在与孩子互动时,更能同理他的心,纾解他的情绪困扰。同时,要能与先生有更好的互动,让他参与对孩子的教养;因为,教育孩子不是父母任何一方的责任,而是全家人的责任。而且,我们要更疼爱自己;如果自己不快乐,就不能与家人产生快乐的互动。

孩子放学回到家,常会与父母聊到学校发生的事,也会倾诉他的委屈。即使在整个事件中,孩子未必是对的,但父母所要做的,除了引导孩子纾解情绪,还要让他自我反省。

儿:"我同学好讨厌,走过去就故意碰我一下,让我很生气。"

妈:"是哦!那你有受伤吗?要不要擦药?"同理孩子心里的感受,关心他。

儿:"就有点肿啊,应该不用擦药。"或许妈妈也认为一点点小伤没什么,但千万别流露出"有那么严重吗?"的表情,要去同理孩子的感受。

妈:"那你后来怎么样?有打他吗?"

儿:"有啊!我就捶他一下,然后老师就骂我!"

妈:"你打得很用力吗?你觉得他有没有受伤?"

儿:"我就用力捶他一下,不知道他有没有受伤。"

妈:"那老师怎么骂你?"

儿:"他说我以后不可以那么凶!"

妈:"你有很凶吗?"

儿:"还好啊!"

妈:"如果没有很凶,那老师干嘛骂你呢?"记得先站在孩子的立场。

妈妈就是要这样表现同理心,接纳孩子的感受,才能抒发他的情绪。

孩子为何情绪容易暴怒?这就得谈到孩子与爸爸互动的重要性。在亲子互动的过程中,一般人都很容易忽略爸爸的角色;但是,爸爸的角色实在太重要了,尤其对儿子而言,能得到爸爸的肯定,对他是莫大的鼓励。一个从小都不太与爸爸互动的儿子,他总会觉得人生似乎少了些什么;而一个能够常跟爸爸有说有笑、谈天说地、无所不聊的儿子,便会很有自信,感到很快乐。因为,小男生都需要一个同性的学习对象,寻求认同与肯定;所以,如果儿子都是跟妈妈在一起,尽管妈妈很尽心尽力,但终究感觉不够完整。

案例 十四

有位妈妈常听我的演讲,有次一回到家,看到儿子躺在客厅沙发上睡着了,课本掉在地上。妈妈很生气,但随即想起:"生命此刻,我该怎么做会让自己感到幸福呢?"她适时这样问

了自己，便决定先去洗澡，再拿个凉饮在客厅沙发上坐下来。

儿子醒来，看到妈妈就在一旁坐着，便急忙起身，连声说："妈，对不起，我不是故意的！"然后抓起课本，三步并作两步地跑进房里。这位妈妈后来说："我觉得变得好轻松，只要轻轻地回说'我知道'就行了，完全不必再像从前那样劈里啪啦地发飙，日子好过多了。"

因此，我们要练习能够随时回到生命的中心。正因为这位妈妈能够当下自问："生命此刻，我该怎么做会让自己感到幸福呢？"就能回到生命的中心点。我们先把自己照顾好，就会知道轻重缓急；之后再引导孩子，就会觉得轻松有效多了。

案例 十五

有位男士忏悔自己曾经是一个非常糟糕的爸爸。儿子读初中时，有一次因打篮球而晚归，爸爸就跑到篮球场将儿子打一顿。自从那天起，儿子就绝不开口跟爸爸讲话，爸爸就更凶地对待儿子，于是父子关系极度恶化。

直到多年后的一天，爸爸发现大事不妙了：因为儿子长大了，体格健硕有力，而且正在当兵；每次回家看到爸爸，都是一副恶狠狠的样子。这位爸爸很想改善亲子关系。他想，自己开车不小心撞到人，对陌生人都能当场说声抱歉，为何对自己儿子反而做不到？如此反省后，当儿子回家吃年夜饭时，爸爸便主动对儿子示好，并表示有话要对他说。

吃过饭后，爸爸主动拿张椅子坐在儿子身边，态度诚恳地说:"我过去对你太凶了,我是个太坏太坏的爸爸,我要对你说声对不起;无论如何,我希望从今天起,你能接纳我这个老爸……"此话一出,儿子立即跪下来,抱住爸爸而痛哭流涕。

为何儿子会如此激动?因为,在每个人的心底,毕竟都渴望被爱。当爸爸能够放下身段跟儿子道歉时,儿子会马上跪下来,就是因为他感受到了爸爸的爱。这位爸爸终于成功地回到生命的中心点。

案例 十六

一位从事特殊教育的老师,自己有个情绪障碍的孩子。原本老师并不以为意;但有一天,一位家长对她说:"你自己的孩子都带不好了,还来带别人的孩子。"这句话有如当头棒喝,让她觉得自己不能再等闲视之。于是,她马上带孩子就医,确定脑部没问题后,又找心理师咨询,才找出孩子情绪障碍的原因。

这位老师的家庭是三代同堂,祖父母对孙子很凶,总呵斥他不能这样、不能那样;所以,孩子从小就很压抑,变得不善于表达。在学校里也不常与同学互动,总是自己呆呆地看着天上的云、地上的蚂蚁或树叶的叶脉,完全不懂得如何与人沟通。后来,这位老师还邀了先生一起接受心理咨询师的辅导,一起学习如何引导孩子。

他们对孩子说,如果有什么不满,都可以向爸妈表明。渐渐地,儿子能勇敢地向父母表达情绪。他们还告诉孩子:如果阿公(爷爷)阿嬷(奶奶)对你太凶,你又不能顶嘴时,就可

以乱语。例如，阿公阿嬷如果骂你书包怎么乱丢、东西乱放时，你可以回答："隔壁面包店的面包好好吃，要是再加点葡萄干就更好了！"教孩子做情绪转换来自我抒发。有一天，这对爸妈好高兴，因为孩子"终于会顶嘴了！"表示孩子的情绪有出口，不会再压抑了。

负面情绪积压过久恐导致生病，如抑郁症等，就是负面情绪积压所致。情绪积压久了，不但事情毫无改善，误会无法冰释，还害苦了自己。如果能有正确的认知，改变错误观念，可能就不会那么痛苦了。此外，抑郁症患者一定要每天运动，运动有利于血清素上扬，可减缓悲观、懊恼、自责、罪恶感、恐惧感、失眠、心悸、全身各处莫名疼痛等抑郁症症状。

案例 十七

有对兄弟六年来从不讲话。他们的不和源起于六年前的一次大雨，妈妈要兄弟俩合撑一把伞；结果兄弟两人抢来抢去，妈妈实在看不下去了，就一个箭步上前，赏两人各一巴掌。从此，两兄弟没再讲话。

我请这位妈妈赶快开家庭会议，诚恳地说明六年前的那个雨天的情形，并对自己的处理不当诚心道歉，希望兄弟能和好如初。一般而言，孩子听到父母道歉，不管反应如何，都能把这些话听进去。这时，爸爸也应表示意见，希望全家人能同心和乐。

有些人认为小孩子的争吵很平常，没必要太担心，长大就好了。其实,孩子的争吵,如果得不到妥善处理,长大也未必会好。爸妈除了要能带动家庭气氛,多称赞孩子,也可悬挂一些全家福和兄弟合照的照片;孩子天天看到这些照片,日久感情自然亲密。

身心灵三管齐下,生命境界更开阔

没有不能解决的问题,只看我们怎样去面对。若能从修养身、心、灵三管齐下,就能管理好我们的生命能量,让生命自由,家庭更加和谐快乐。

身心灵的修养是增进亲子关系的必修功课。为人父母者若能把自己的健康照顾好,随时调适心情,保持最佳状态,让身心都舒服,那么,传达给孩子的能量一定是正面的。孩子看到你,自然就会开心、快乐,而且充满感恩。

养身、养心,就是随时要进入到"感受—觉察—领悟"这个系统,学习放下,才不致身陷牛角尖而无法自拔。进一步,我们就要重视养灵——随时回到生命的中心点,让生命境界更开阔。

总之,没有不能解决的问题,只看我们怎样去面对。若能从修养身、心、灵三管齐下,就能管理好我们的生命能量,让生命自由,家庭更加和谐快乐。

SMART的亲子教养秘笈

成功为成功之母

◎ **廖凤池**（微笑永康心理咨询所心理咨询师兼所长）

- "我都跟同学约好了！"孩子怨怨不平地对妈妈说，"你每次都这样！突然不准我去，那我以后在同学面前怎么做人啊？"
- 孩子总是先看电视、玩游戏，再写功课。
- 孩子玩拼图，拼了老半天仍拼不成，他就开始怪自己"怎么那么笨？"这时，父母绝不能再无动于衷，看着他不断失败。
- 有时候，父母气不过，脱口说出："你这个坏孩子！真是坏透了！"孩子也顶嘴："你说我坏我就坏！我还有更坏的呢！"

爸妈别抓狂

在谈亲子关系时,以下这一段亲子互动的情境,你也许会有似曾相识的感觉——

"我都跟同学约好了!"孩子忿忿不平地对妈妈说,"你每次都这样!突然不准我去,那我以后在同学面前怎么做人啊?"

"你的意思是说做人要守信用是吧?好呀!那你现在就守信用——进去写功课;功课做完,要怎样随便你!"妈妈强按捺住脾气说。

"你讲不讲理啊!"孩子气爆了顶嘴!

"你像不像话啊!"妈妈脾气也上来了!

"进去就进去!"孩子心不甘情不愿地回房去,用力关上门,"砰!"地一声。

这震天价响,惊动了房里的爸爸,出来问是怎么回事。

"还不是你那个宝贝儿子,才说他两句就造反了!"妈妈气得涨红了脸,浑身发抖。

爸爸一听,气急败坏地加入战局,冲进孩子房里就赏他大大一巴掌。

类似的场景,可能在许多家庭不断上演着,让父母感到很有挫折感。他们不明白:"孩子怎么会这样?"

孩子也感到很委屈:"我到底哪里错了?爸妈怎么这样对我?"

亲子战争,表面上看起来好像都是父母赢了;但是,这样的输赢在亲子关系间代表什么警讯?又能从中找出什么对亲子双方都有建设性的意义呢?

成功为成功之母

  为人父母的，无不想方设法造就孩子；偏偏孩子也有自己的想法，未必事事如父母所愿。因此，亲子和谐关系的建立，总是跌跌撞撞，历尽艰辛。

  如前述的例子，在亲子关系笼罩着低气压时，如何帮助孩子从挫折的情绪中走出来，使他能够抱持希望，继续往人生大道迈进，正是为人父母当务之急的课题。

自我认同的社会

探索"我是谁"，确认自己的身份，自我认同（ego-identity），不仅是个心理学名词，更是生存在当今社会极为重要的作为。

  人生有三大问题：我是谁？我活着的目的是什么？我快不快乐？其中，最根本的问题是——我是谁？

  一个人如果不了解自己是谁，往往就会做出不适合自己身份和能力的事；结果，你觉得是很大的享受，对别人而言，却可能是痛苦的折磨。

  记得当年在师大就读时，系里举办班际合唱比赛，各班莫不铆足全力练唱，我们班更是整整苦练一个月。所幸，皇天不负苦心人，最后我们拿到八个班中的冠军。大家兴高采烈之余，不免热烈讨论制胜关键；不料，全班竟一致公认我是最大功臣！

  这个大帽一戴，大家一定以为我是个伟大的指挥或妙音天

使吧？其实，真正的答案是：大家花了好大工夫才成功劝退我不要参加比赛。我的例子正说明了，一个人若不了解自己，就常会出糗。

探索"我是谁"，确认自己的身份，自我认同（ego-identity），不仅是个心理学名词，更是生存在当今社会极为重要的作为。有位心理专家就指出，在从前物资贫乏的年代，人们追求的多半是食物的丰足、居处的安全保护等具实用性且能给予安全感的事物，也就是满足生存的基本需求。

如今，物资富裕，生活水平提高，吃饱变得不是问题；但是吃饱后要做什么，就变成大问题了。换句话说，当求生存不再是问题后，人们便从"追求"、"获得"等目标导向的社会，转变成探索"我是谁"、"别人认为我是谁"、"我自己认为我是谁"等角色导向的社会。这样的社会，就名之为"自我认同的社会"。

在求生存的社会中，安全感是追求的首要目标；但在自我认同的社会中，爱与个人价值才是成功自我认同的基本因素。

转型成自我认同的社会以后，生活形态产生了变化，连旅行方式都不一样了。过去的旅行都是赶场式的，一天连赶好几个行程，"上车睡觉、下车尿尿"；然后，走马看花，银子花掉，这是目标导向社会的旅游形态。现在则强调深度旅游、特色旅游或自助旅行，也许在一个固定景点待上好几天，甚至几个月，深入了解当地的风俗民情，体验当地生活。

现在，不仅个人在追求自我认同，企业也是如此。过去很多企业仅着重业绩、利润,"利"字当头而不择手段的业者甚至制造"黑心"商品。而现代具规模的企业,都相当重视形象,重视企业的社会责任和回馈,也因此更能获得大众的认同和肯定。

真正富有的社会,文化活动一定相当蓬勃;而真正富足的人,花在公益上的时间一定很多。他们或许穿的不是名牌,但极有社区意识,热心公共事务,关心小区发展,乐于当一名志工,而不虚伪矫饰地与人周旋。也因为他们能够诚实地表现自己,并积极参与社会、为人服务,而更能享有社会清望。

自我认同的形成

自我认同的形成通常是在青少年阶段,也就是初中、高中时期。如何认同自己是怎样的人呢?

人生过程中,可大致区分成婴幼儿、儿童、青少年、青壮年、中年、老年等阶段。自我认同的形成通常是在青少年阶段,也就是初中、高中时期。儿童阶段尚未建立自我认定的概念,往往是别人认为自己是什么,就会相信自己是什么。

例如:两名幼童吵架且僵持不下时,只要老师评断说是甲错了,那乙就一定是对的;因为"老师说的一定对"。要是两名初中生在争论,同样僵持不下时,如果其中一人说:"可是老师说……"另一人就会回呛:"老师骗你,你也信!"这是因为,

到了小学五六年级后，孩子的独立思考能力逐步发展，凡事会透过思考而后形成见解，展现自我评估的能力；这也是为何父母在滔滔不绝地长篇大论时，孩子虽未必直接否定，但也会不置可否地表示："是哦？"

青少年开始有自己的想法，也开始怀疑别人的讲法。有了怀疑，自然产生困惑；加上身心正在快速发育，内分泌、荷尔蒙等系统都有偌大的改变，使得原本相信的事变得不再那么确信了。这些困惑中，最重大的就是"我是谁？"从而展开属于自己的人生追寻和探索。

如何认同自己是怎样的人呢？首先，可从平时的生活经验来认识自己。例如：有人国语常考高分，一般会认为他有文学天分；有人数学很烂，可能就不适合考数理类组；有人运动项目样样在行，被封为运动天才；有人某项才艺特别出众，希望将来成为钢琴家、艺术家等。透过这些表现，你会慢慢认知到自己属于怎样的人，确知自己的喜好和强弱项目。

当然，还必须加上你自己愿意成为那样的人。我曾指导过一位研究所学生，他平时相当低调；直到我前去参加他的喜宴时，才发现场面之气派超乎想象，根本和平日的他难以联结。原来，这位学生出身于极有政治和经济实力的世家，但他并不喜欢以此招摇，更不想被人以这样的身份认定自己。

另一种情形是，你的自我认定，并不一定能得到别人的认可。例如：有些人自认歌声宛如天籁，听众却想赶紧捂起耳朵；有些人自以为是画家，作品如大师之笔，观者却认为是小孩子

涂鸦。也就是说，你认知的自己和别人眼中的你大相径庭。

总之，你必须从生活经验中体认到自己是怎样的人，还要得到别人的认同，才会形成肯定的自我认同。

人最基本的需求不外归属感、权力、生活新鲜有趣、自由自在。这四种需求都能获得满足，"自我"就会长大，觉得自己稍有成就。再更进一步，若日常行为都很正向而获得更多满足，自我概念就会更加健全，进而行事就有较大的弹性，能够实现自己的愿望，有健康而坚定的信念，有责任感并能自律，也更能有效掌握住自己的生活；换句话说，就是能得到成功的自我认同。

我们平时借着工作、服务或娱乐等活动和别人进行交流，透过展现自己，或透过看到别人眼中的自己，来进行自我认同；同时也希望被别人认可，让自己成为别人想交流的对象，从中形成一种稳定的、成功的自我认同。

一旦不能与别人顺利交流，获得他人的肯定认可，便会产生自我认同上的困难，老是自问："我到底是怎样的人？"若一直陷在困惑中而无法获得满意解答时，更会落落寡欢，甚至感到孤立无援。

人生中，最重要的是自我愉悦感，要对自己满意；但很多人并非如此，他们对自己的人生感到无奈和挫败，导致近年来抑郁症患者大增，自杀率不断攀升。全世界的自杀死亡率约为每十万人有十五人，在多数国家均为十大死因之一；台湾地区也不例外，且有逐年增加的趋势，二〇〇六年更达每一小时

五十九分就有一人自杀死亡。

这些自杀者是多么不满意自己,多么讨厌自己的人生啊!人若讨厌自己,讨厌周遭的人、事、物,讨厌未来,看不到希望,就可能罹患抑郁症或自杀。反之,若你满意自己,常处在愉快的氛围中,有许多好朋友,对人与事都有自己的见解和感受,乐于与外界交流,能自信地展现自我,别人对你的认同也和你的自我肯定相近,那你就是成功的自我认同者了。

满足爱与被爱的基本需求

在自我认同的社会,特别强调要返璞归真,回归心理上的基本满足。这个"心理上最基本的需求"是什么呢?

如何成功地进行自我认同呢?尤其在青少年这个发展自我认同的关键阶段,为人父母者应该做一些努力,协助子女正面发展。

在自我认同的社会,特别强调要返璞归真,回归心理上的基本满足。要真正了解:"我到底要的是什么?"心理医师发现,很多适应困难的患者,其实都是因为他们心理上最基本的需要无法获得满足,以致心安定不下来。而藉由神经质式的索求和离经叛道的脱序行为来表现自己。

这个"心理上最基本的需求"是什么呢?就是关系与尊重:人与人之间的关系,以及彼此间的相互尊重。

成功为成功之母

而满足基本心理需求的关键在于爱——要能爱别人和获得别人的爱。一旦能找到你爱的人或爱你的人,感受到自己于人于己都有价值,就能产生满足感而安定下来,并且稳定健全地发展。

我们发现许多行为有偏差的孩子,多半缺乏重要关系人的爱与照料。他们表面上显得凡事不在乎——不在乎别人,也不在乎自己,为所欲为;其实,他们的内心深处是渴望爱的,是非常在乎别人爱不爱他们的。

没有人能够在没有爱的环境中健康成长,每个人都绝对需要爱;但每个人的表现方式不同,获得爱的能力也不同。被爱的感觉是那么美好,因此,当你被爱之后,就会开始在乎爱你的人,在乎他对你的看法和期待,甚至愿意"长发为君留,短发为君剪",只为取悦于他;因为爱与被爱,让人生开始有了方向,让价值开始起了一些变化,进而影响了行为的标准。因此,价值感、行为的标准,都来自于爱的力量。

有的孩子放学后会先做功课,功课做完才看电视;有的孩子总是先看电视,看到不做功课不行了才勉强去做。一般孩子当然会认为看电视比做功课轻松,谁不喜欢轻松自在呢?为什么还是有些孩子宁愿先苦后乐?因为,他在乎父母的看法;既然父母希望他做完功课后再好好放松自己,所以,他愿意依父母的价值来改变自己的行为标准。因为爱,让他愿意改变自己来满足他所爱的人。

有一回,我带全家人到垦丁度假,看到满街都是比基尼女

爸妈别抓狂

郎穿梭其间,让人眼睛大啖冰淇淋。突然,孩子对我说:"爸爸不准看!"

"为什么?"我很好奇他的小脑袋瓜里在想什么。

他则理直气壮地回答:"因为妈妈会不高兴!"

由此可知,孩子的意识里,经常会以父母的观点作为自己的价值标准。

如果孩子总是先看电视再写功课,其实也不必气急败坏地认为他就犯了什么大错。此时不妨顺势而为,把节目单拿出来,与孩子讨论他想看什么节目,并了解他为什么想看,也可从中得知孩子的喜好和想法;然后,约定在特定时间看特定节目。只要孩子能遵守约定,不致因看电视而荒废功课,父母实不必强加禁止。电脑也一样,电脑常常就摆在书桌上,孩子不被诱惑也难;不妨把电脑移开,就不致让孩子做功课时分心了。

当今生活非常便利,孩子的行为就愈形开放,不受拘束。例如:电视频道多,播放时间长;不想看电视,有KTV可去;走出家门就有全年无休的便利商店等,很多活动都提供了孩子全天候的服务,随时想要什么就有什么,多么方便呀!但是,方便久了就变随便,无所规范就造成行为上的混乱;于是,不管深更半夜或是破晓时分,都有刚从电影院、KTV、酒吧走出来的年轻人。

正因为太方便了,自由过了头,孩子就没有学习自我管理、选择、规划的机会。当孩子管不了自己时,父母就管不了他。因此,让孩子培养自我管理、选择、规划的能力十分重要。但

这绝不是凭高压约束就能达成的,关键在于要让孩子爱他自己。能够爱自己,生活作息就会正常,对自己的行为就能有所规范;能认知什么样的行为对自己有益,就能建立起自我的道德感、价值感和责任感,绝不会因打电动而荒废功课。

真正的爱与被爱,必须真情流露,没有任何条件,毫无保留地付出;就像父母的爱一样,不该有操纵,不该有手段,更不能当作工具,而只是单纯地因为"你是我的孩子,所以我爱你"。当你肯定孩子、在乎他,让他感受到你对他的真爱,他就会肯定自己的价值,认同自己是个"好孩子",自然而然地表现出良好的行为,活得很快乐;要是偶尔做出不当行为时,还会感到不安,甚至有罪恶感。这样的肯定和认同,正是奠定他未来美好人生的基础。

然而,一个不被父母喜爱、不被师长朋友接纳的孩子,就会开始怀疑自己是不值得被爱的人,自己是别人眼中的"坏孩子"。起初他还会反抗、拒绝这样的眼光;因为,他也想被爱,他也不想被当成坏孩子。

当这种异样的眼光仍不断朝他投来时,他的反抗就会愈来愈激烈,让人觉得他"坏透了"!到了这个阶段,他自己反倒觉得做出好的行为才是怪异的、尴尬的;甚至连受到夸奖时他都会觉得丢脸呢!有时候,父母气不过,脱口说出:"你这个坏孩子!真是坏透了!"他就会顶嘴:"你说我坏我就坏!我还有更坏的呢!"

当孩子被自己或别人贴上"坏孩子"的标签后,只会更坏!

并且很可能就此耽溺在负面行为中不能自拔,最后就更难摆脱"坏孩子"的烙印,只好自暴自弃而在失败和堕落之中轮回。

失败为失败之母

孩子听到"吃苦、吃补"这类大道理时,心里不免存疑:"是哦?"他们认为,吃苦是笨蛋的专利,聪明人不会也不必吃苦。

过去说:"失败为成功之母。"时至今日,这句话的内涵值得再三琢磨。

在从前物资缺乏、生活困顿的年代,每天都有许多困境和挫折横亘眼前,要争温饱、争生存、争安定,总有争不过的时候,失败便在所难免;于是,博大精深的中华文化,谆谆教诲我们吃苦的重要和忍耐的必要,殷殷叮嘱我们要把"吃苦当作吃补!"

但到了经济富裕、衣食无缺的今日,孩子听到"吃苦、吃补"这类大道理时,心里不免存疑:"是哦?""最好是啦!"面对父母的老生常谈,孩子其实嗤之以鼻;因为,他们根本没吃过苦,也觉得没必要吃苦。

正因为时代在变,成长背景也大大不同,这些座右铭和至理名言,正面临新时代的挑战。对现在的青少年来说,像老祖宗那样从失败中汲取教训、愈挫愈勇才能获得最后的成功,是没有必要的,是值得怀疑的。他们认为,吃苦是笨蛋的专利,

成功为成功之母

聪明人不会也不必吃苦。

的确,从前的困顿环境,让人们觉得"人生不如意事十之八九";但现在的孩子是"人生如意事十之八九",他们总是一帆风顺,哪吃得到什么苦?因此,他们对挫折的忍受度也就降低许多。

失败的滋味是痛苦的,有谁乐意接受呢?大家都想拒绝失败。也许一开始还能一试再试;屡试屡败后,就会开始恼羞成怒、怪罪他人,进而将失败的痛苦发泄在外在行为上——或是标新立异的发型,或是奇装异服的打扮,乃至荒诞怪异的言行举止。非得通过这些不理性的发泄行为,才能让自己舒坦,从而导致行为混乱,生活不检点;更糟糕的是,还可能耽溺在这种为非作歹的快感中。很多行为偏差的累犯,如吸毒、赌博、性行为混乱者,就是如此堕落来的。

我曾辅导过一名性工作者。她说,虽然家里没什么钱,但她每次上市场,总会买一大堆鱼肉蔬果好把冰箱塞满;即使吃不完而烂掉,也心甘情愿。因为,她仅能以购买东西来满足自己,除此之外,她还有什么能炫耀的呢?

还有一个初中生,是一名惯窃,尤其特别擅长偷脚踏车,可以很快地打开脚踏车的密码锁。有一次他偷窃被抓到了,学校把妈妈找来;不料,妈妈竟把孩子从教室拖到操场中央,在大庭广众前痛打孩子。从父母的管教方式,不难得知这孩子为何会成为惯窃了。

因此,别再滥用"失败是成功之母"这句话了。一再失败,

爸妈别抓狂

只会让孩子愈偏激、愈沮丧,就更跳脱不出失败的宿命轮回;对他们而言,"失败才是失败之母"。所以,想要孩子朝成功之路迈进,父母就不要再增加他的挫折感。

成功为成功之母

当孩子遇挫折而灰心丧志时,父母要做的就是给孩子加油打气;更重要的是帮他回忆起之前的成功经验,让他利用成功再去复制成功。

失败者的世界充满痛苦、孤单、不知所措、矛盾和进退两难。如果你不要孩子变成失败主义者,就应该尽量满足他的基本需求——爱,帮助他产生自信,让他在爱的氛围中去创造成功的经验。

我的孩子开始学习玩拼图时,拼的只是十几二十片的小图,不消几分钟就完成了;还连续拼了三组,赢得许多赞美。因此,孩子信心大增,不断向上挑战,甚至要求挑战百片以上的拼图。但是,这次却没那么顺利,拼了老半天仍拼不成,他就开始怪自己"怎么那么笨?"

这时,父母绝不能再无动于衷,看着他不断失败;于是,我过去安慰孩子:"不是你笨,而是这次的挑战更难了。"我试图帮他回忆从前的成功经验,例如他的书桌总是整整齐齐,所有物品放置得井然有序,所以找东西都能得心应手;接着,我再引导他将此成功经验和之前成功的拼图技巧联系起来；然后，我们合力依形状、颜色等不同而分门别类后，我就让他独立去做。没多久便听到他高声大喊："我拼完了！二百片耶！"

当孩子遇挫折而灰心丧志时，父母要做的就是给孩子加油打气；更重要的是帮他回忆起之前的成功经验，让他利用成功再去复制成功。

怀着成功情绪的人，他随时感到满足，拥有自信和成就感，能受到同侪的欢迎和敬重，自然不会有离谱的行径；父母当然也满意这样的孩子，而给予更多的爱；孩子感受到的爱愈多，就愈会自爱自重。而累积这种被爱和成功的经验后，孩子就会觉得自己具有能力和潜力，并且充满旺盛的企图心；对于未来的目标和生活，就能做长远的规划，然后努力去实现自己的理想。

成功的果实是甜美的、回味无穷的。一旦获得成功，除了自己高兴，还恨不能让更多人分享这个好消息；仿佛多一个人知道，成功的喜悦就会加倍似的。就像许许多多乐于背着建中书包、穿着北一女制服逛街的同学，可以说他们都是在分享这份喜悦。我常说："成功为成功之母：成功可以复制，快乐得以加倍。"因为有了美好的成功经验，下次再做同样的事，便会带着愉快、自信的心情，更用心、更投入、更努力去完成，获得成功的机会当然就大大增加。

而怀着失败心态的人，只能不断重蹈失败的覆辙，最后不得不万念俱灰地放弃努力。一旦放弃努力，结果可想而知；因为，努力都未必会成功了，不努力还有希望吗？结果当然是：

必败无疑。

有人也许会问,既然说"失败为失败之母,成功为成功之母",是不是意味着人生不需要失败和挫折?让孩子一直在优越环境下成长,难道不怕变成温室花朵,禁不起挫折的打击?

其实,我只是强调,孩子在外面已难免遇到挫折,他所受的压力也来自四面八方,父母实在没必要再落井下石,施加更多的压力,让他感到更挫折。父母其实可以帮助孩子拥有更多成功的经验,孩子才能更有自信、更有方向地去开创人生。

爱,帮助孩子肯定自我价值

倾听是解决问题的第一步。"不听话"的父母,等到儿女把事情闹大了,他们总是那个最后才知道的人。

我们都希望孩子健康、快乐、实现自我,但毕竟每个人的素质不同,成长背景也不一样,都需要周遭共同的协助和孩子自己不断的努力;因此,建立良好的亲子关系,悉心去了解孩子到底在想什么、到底要什么,并帮助他去判断行为的对错,建立行动的步骤,这些都是建构成功经验的基本要素。

既然孩子需要累积成功的经验,父母就要当孩子最忠实的朋友,倾听他的心声,并给予温和、坚定、热切和真诚的协助;让孩子知道,即使他做错了,你还是永远爱他。即使他情绪失控、言辞不当,你仍会耐心地听他诉苦,并试着去体会他的困

难,以最多的爱来对待他。

别急着宣说你的长篇大道理,先学习当个"听话"的父母吧!你要"认真听",听出他的生活感受、他的世界轮廓!倾听是解决问题的第一步。"不听话"的父母,等到儿女把事情闹大了,他们总是那个最后才知道的人。倾听还需要辅以耐心,不必急着批判,而应该去思考:为何孩子是这么想、这么做的?

然后,以幽默风趣的态度回应孩子的问题。人人都想快乐,不想痛苦,这就是为什么很多综艺节目受欢迎的原因;因为,坐在电视前,会三分钟一小笑、五分钟一大笑。平时就该多跟孩子聊聊轻松的话题,听他说些学校发生的趣事,甚至用孩子间的流行语和他对谈,拉近彼此的距离。

与孩子互动时,也要保持应有的礼貌,不能摆出一副"我是你爸爸,你怎么可以这样对我讲话"的态度。现在的父母,已经不像几十年前那样有威严了;如果你继续耍威风,孩子可能回呛:"我是你儿子耶!你怎么可以这样跟我讲话?"这时你可能已经快抓狂,脱口而出:"真是欠揍!"孩子为了维护他的权益,就说:"你敢打我,我就打113*!"

亲子间绝不要这样恶言相向,父母更不应该一被孩子不负责任的行为或言词挑衅,就失去耐性而气急败坏。

亲子之间相处的基本态度应该是彼此尊重、有礼,多一点关心,少用威胁;再加上适时的拥抱等肢体接触以增进亲子关

---

* 113电话:台湾妇幼保护专线,系二十四小时免付费的求助电话。——简体字版编者注

系。当然,这要从孩子小的时候就要常常搂搂抱抱;否则,等孩子长大了才要这么做,就难免有些尴尬。

如果孩子都已经大了,你才想到要增进亲子关系,还是为时不晚。我们可以借着共同参与一件事,如散步等,来增进彼此的亲近度。

要培养良好的亲子关系,并不是一直给予孩子所想要的,却不忍心让他付出;孩子一定要学习勇于面对困难。就像小孩学走路时,如果父母在一旁直呼:"不行,不行,你会跌倒!"那他就真的会跌倒,而且不肯再走;如果你鼓励他:"别怕,别怕,妈妈在这里;好好走,好乖,好棒!"他就能走得很好,即使跌倒了,也会爬起来继续走。

只要父母有正确的观念和良好的态度,孩子就能勇于面对挫折。

有个初中生爱跷课,实在旷课太多了,被学校勒令休学;后来,家长竟然答应孩子:一周上足五天课,就给他一万元。你想,这个孩子会教得好吗?有些人有权有势,帮孩子设想得无微不至,本来应该让孩子自己做的事,却永远有人代劳;正因为家长做得太多,完全剥夺了孩子该有的学习和经验,让孩子永远学不会自我负责。

就拿孩子赖床的问题来说吧!孩子赖床可是父母最常碰到的困扰——妈妈一看到孩子上学快要迟到了,就比孩子要紧张一百倍,真是皇帝不急急死太监;可是,任你千呼万唤,孩子就是赖着不起床。这时,妈妈若不能坚定立场,让孩子学习自

成功为成功之母

动起床,让他自己去承担上学迟到的后果,孩子就只有继续依赖妈妈,继续赖床了。

要导正孩子的偏差行为,请不要一味责难和批判,而是要试图从孩子的立场出发,了解他所言所行的前因后果,同理他的感受。

称赞、肯定和欣赏,绝对比责难有效;不当的指责才是真正的失败之母。况且,经常指责孩子,可能第一次有效,第二次效果减半,第三、第四次就麻木了。

有时候,孩子难免犯错,父母也不必一直逼问:"你说!你说!你到底为什么这样?!"其实,孩子可能也不很清楚原因是什么;而这样的逼问,往往只是逼他找个借口,甚至撒个谎,让孩子成为说谎高手。这样的亲子关系一定混乱得难以收拾。既然事实已造成,追究并不能改变什么;应该回到事实的本质,积极面对未来才是重点,协助他找出问题,解决问题。

一旦给予孩子承诺,请务必要信守;而且要前后一致,不可欺骗,不可放弃,要展现温和、坚定、热切、真诚的态度,陪孩子一起承担后果。绝不要放弃孩子!健全的亲子关系,就是基于父母绝不放弃的心态。谁不会犯错?谁不曾失败呢?父母要做的,就是一路相伴、鼓舞、扶持,与孩子一起面对未来。

只有当你给予孩子满满的爱,做一个负责任的父母,帮助孩子肯定自我价值,你的孩子才会有快乐健康的身心,能够健全地成长,勇于对自己负责,成为一个能自爱、自律、自重的人,这就是获得成功的自我认同了。

 爸妈别抓狂

图书在版编目(CIP)数据

爸妈别抓狂/张升鹏等著. —上海:复旦大学出版社,2015.6(2022.6 重印)
(小太阳亲子丛书)
ISBN 978-7-309-11108-8

Ⅰ.爸… Ⅱ.张… Ⅲ.家庭教育 Ⅳ.G78

中国版本图书馆 CIP 数据核字(2014)第 275927 号

爸妈别抓狂
张升鹏　蔡毅桦　黄富源　陈质采　黄龙杰　吴娟瑜　廖凤池　著
泰山文化基金会　策划
文字整理/林美琪
责任编辑/邵　丹

复旦大学出版社有限公司出版发行
上海市国权路 579 号　邮编:200433
网址:fupnet@fudanpress.com　http://www.fudanpress.com
门市零售:86-21-65102580　　团体订购:86-21-65104505
出版部电话:86-21-65642845
上海崇明裕安印刷厂

开本 890×1240　1/32　印张 5.5　字数 104 千
2022 年 6 月第 1 版第 2 次印刷
印数 4 101—5 200

ISBN 978-7-309-11108-8/G·1435
定价:28.00 元

如有印装质量问题,请向复旦大学出版社有限公司出版部调换。
版权所有　侵权必究